JN440333

사랑하는 사람들과의 따뜻한 동행

푸 른 하 늘

김법년 지음

도서출판 카리타스

푸른하늘

초판 1쇄 2022년 6월 15일
지은이 김법년
펴낸이 박수정
발행처 도서출판 카리타스
주소 부산광역시 동구 중앙대로 298 부산 YWCA 303호
전화 051)462-5495
홈페이지 www.enkorea.kr
등록번호 제3-114호

ISBN 978-89-97087-57-0

푸른하늘

김법년 지음

도서출판 카리타스

| 추천사 |

성공한 사람들의 공통점 중의 하나는, 기록하는 습관을 가지고 있는 것입니다. 많은 이들이 이 사실을 알지만, 실천하기는 쉽지 않습니다. 기록은 성실이 뒷받침 되어야 하는 일이기 때문입니다. 이 책은 저자의 성실의 산물입니다. 그때 그때 부지런히 기록으로 남긴 글들을 엮어서, 한 권의 책이 되었습니다.

덕분에 우리는 이 글을 보면서, 지나간 시간의 추억을 떠올릴 수 있게 되었습니다. 한 사람의 성실한 기록이, 많은 이들에게 기쁨을 선사하는, 기적을 보게 되었습니다. 그리고 이 글에는, 사람을 향한 관심과 애정이 담겨 있음도 알게 됩니다. 사람에 대한 관심과 애정이 없다면, 이런 기록을 남기는 것이 쉽지 않았을 것입니다. 저자의 따뜻한 마음이, 글을 통해 전해져 옵니다.

코로나로 인해, 지쳐 있었던 이들의 마음에, 이 글들이 한줄기 시원한 소나기가 되기를 소원합니다. 그리고 질병이 이 땅에서 떠나가, 이전처럼, 사람과 사람이 행복하게 함께 하는 일들이, 빨리 회복되기를 소원합니다. 감사와 기대를 담아 글을 마무리합니다.

장전제일교회 담임목사 안종대

| 서 문 |

초록빛 새싹이 움트는 봄의 계절입니다. 바람이 스치면 물결치는 청보리에 손을 살며시 대어 봅니다. 손바닥에 생명의 고결한 숨결이 느껴집니다.

바람이 있어야 청보리가 춤을 추듯이 삶의 여정에 함께 사랑하는 사람들의 따뜻한 동행이 있어서 우리는 오늘을 살아 낼 용기가 있습니다.

우리 서로의 이름을 불러 격려해 줍시다.

그리하여 영롱한 아침 이슬처럼 우리의 마음도 맑고 깨끗하며 항상 아름답게 함께 살아가면 좋겠습니다.

저자 김법년

| 목 차 |

백두산천지

• 백두산
• 대마도
• 영주무섬
• 고향
• 예인회

백두산

이념과 체제도 초월하는 그리스도의 사랑

중국 연길시 선교현장을 방문하고

1995년 8월 4일~13일

고도 6,700m 시속 800km. 서울출발 중국북방항공 비행기 안에서 창밖을 보니 세상은 간 곳 없고 망망대해 같은 구름의 바다를 타고 있었습니다. 인구 200만의 도시 대련까지의 거리는 580km.시차는 1시간. 대련공항을 거쳐 연길공항까지는 1시간 20분 걸립니다. 낯선 연길공항에 도착하자 현지 한국인 선교사들이 마중 나와 있어서 정말 반가웠습니다. 신상일 선교사의 안내를 받으며 숙소로 향했습니다. 연길시는 인구 30만의 도시로 조선족이 50%, 한족이 50%이며 행정구역상 중국 29개성 가운데 하나인 북부지방의 길림성에 속한 시 입니다(길림성은 연길시, 도문시, 용정시, 돈하시, 훈춘시, 하룡시 등 6개의 시와 안도현, 왕정현 2개현이 있습니다.)

우리 일행이 방문한 곳은 연길 시내의 연변해양대학과 삼자교회 그리고 처소교회였습니다. 주일오전 9시 현지 선교사의 안내로 중국정부가 공식적으로 인정한 삼자교회를 향했습니다. 교회명은

'광진교회' 였으나 입구에는 간판도 없었습니다. 입구에 도착하자 이미 현지 성도들이 모여 찬송을 부르고 있었습니다. 입구에 들어서자 널빤지로 만들어진 신발진열장이 준비되어 있었는데 어릴 때 보았던 신발들도 눈에 띄었습니다. 예배당 내실의 문은 옆면에 전후로 2개가 있고 바닥은 그냥 앉도록 되었습니다. 성도들 속에서 함께 예배를 드렸습니다. 성도 수는 선원학교 학생들을 포함하여 대략 100여명 입니다. 찬송시간과 기도시간에는 도무지 목이 메이고 눈물이 흘러 고개를 들 수가 없었습니다. 그것은 가난한 그들의 생활모습 때문이 아니라 주님께서 얼마나 영혼들을 사랑하시는가를 보여 주셨기 때문입니다. 주님의 영혼 구원의 사역은 이념과 체제와 환경 그리고 언어의 어두움 속에서도 빛을 비추고 계셨습니다. 그리스도 안에서는 체제도 국가도 환경도 초월하는 은혜와 감사와 기쁨 그 자체였습니다. 그리스도의 사랑이 낯선 그들과 동질감을 갖게 하고 우리 모두가 하나 되게 하는 원동력이 되게 하였습니다. 정지영 장로님의 설교시간에는 진지한 표정으로 경청하며 순간순간 아멘으로 화답했습니다. 결신시간에 여러 명의 결신자가 일어섰습니다.

현지 정용모 선교사는 그들을 위해 간절히 기도드렸습니다.

연변 해양대

우리 일행이 다시 인도된 곳은 연변 해양대학내 처소교회로 오전 11시 예배시간이었습니다. 이 예배장소는 중국정부가 인가하지 않은 교회입니다. 이곳의 예배시간에는 현지 한국 선교사 가족들만의 정식예배시간입니다. 또 다른 모습은 현지 선교를 위하여 간절히 기도하고 기도하는 것입니다. 가족간의 문제를 놓고 합심기도했습니다. 자녀 교육 문제는 심각했습니다. 내부는 공개하지 않았지만 조그만 교실 하나였습니다. 연변 해양대학은 6개월 코스의 선원교육과 2년 6개월 코스의 사관원 교육을 하고 있습니다. 이 기간을 통하여 그리스도의 복음을 전파하며 제자화하여 그들이 가는 곳마다 복음이 전파되도록 하고 있는 것입니다. 아직은 시설면이나 교육과정이 미비하지만 점진적으로 발전해 나갈 수 있는 청사진을 보며 많은 기대를 해봅니다. 물론 현지 선교사들도 많은 노력을 하고 계시며 장기적인 프로그램을 갖고 계신 것으로 봅니다. 연변 해양대학을 중심으로 13억 중국의 복음화가 이루어지길 소망합니다. 현지 선교사들은 무보수로 사역하시며 학교운영과 개인가족 생활비는 후원금으로 운영하고 있습니다. 이제는 입학 학생들에게 등록금을 받을 계획이라 합니다. 연길시는 조선어로 통용되고 한국 음식점이 많아 선교사들이 쉽게 적응하리라 생각되지만 식수나 기후 또 다른 여러 면에서 상당히 어려움이 있는 것 같습니다. 학교내부시설과 실습실을 보고 현재 신축중인 기숙사도 둘러보았습니다. 앞으로 강의실도 건축한다고 했습니다. 학교를 떠나 점심식사가 준비된 곳은 상조회 간판이 걸려있는 2층 건물이었습니다. 겨울철에는 영하 20도까지 떨어지기 때문에 스팀 시설이 되어 있었습니다. 상조회는 졸업생들의 승선 대기소로 사용되며 성경 찬송가 보관 장소로도 이용하고 있습니다. 또한 현지 한국 선교사들과 관계된 업무를 보는 곳으로도 사용된다고 하였습니다.

아무나 할수 없는 현지선교, 감동

연길시 현지인들의 월 보수는 보통 400원에서 500원이며 남녀 동일하게 지급 받는다고 합니다. 한화로 하면 월 4만원에서 5만원입니다. 주택은 한 건물에 다가구로 살며 화장실은 공동으로 이용하고 있습니다.

연길시를 벗어나 황토물의 해린강을 따라가면 도문시에 도착합니다. 조국을 찾겠다며 말달리던 선구자는 간데없고 두만강 저편 북한 측 산과 건물만 보입니다. 여느 풍경과 같지만 산허리쯤 〈속도전〉이란 글자가 눈에 보였습니다. 중국 상인의 말로는 그들은 하루 한 끼로 식사를 하며 만세를 외치고 있다 합니다. 북한 젊은이들은 쌀 생산이란 구호아래 노동에 총동원중이라 합니다. 북한은 심각한 식량위기에 처해 북한 주민의 생활은 이루 말할 수가 없다고 하였습니다.

이에 우리가 해야 할 일은 끊임없는 간절한 기도와 조그마한 성의의 재정적 후원인 제3선교가 아닌가 생각합니다. 아무나 할 수 없는 힘든 현지 선교를 하고 계시는 선교사들 가정마다 주님의 적극적인 보호하심과 도우심이 늘 있으시길 기원합니다.

한반도 가장 높은 활화산 백두산!(2744m)

함경도와 만주 사이에 있는 산(북한과 중국 국경)

백두산은 장백산 이라고도 하며 한반도에서 가장 높은 활화산입니다. 16개의 봉우리 정상이 둘러 칼데라 호수인 천지를 품고 있습니다. 이 천지호가 압록강과 두만강, 송화강의 발원지 입니다.

우리나라의 지형지세는 백두산을 시작으로 금강산 설악산 태백산 소백산을 거쳐 지리산으로 이어지는 큰 산줄기 백두대간이라 합니다. 2005년 1월 1일부터 '백두대간 보호에 관한 법률' 이 시행되었습니다.

조선 영조 때의 실학자인 신경준이 쓴 산경표에서 한반도의 산줄기를 대간과 정간, 정맥으로 나타낸 체계를 따라 붙여진 것입니다.

또한 김정호의 '대동여지도' 에도 반영되어 있습니다.

최고봉은 병사봉이며 민족의 성산 백두산을 오릅니다. 짚차로 꼬불꼬불 길을 따라 올라갑니다.

백두산의 날씨는 눈, 구름, 안개, 폭우, 강풍, 혹한 등 연중 변화무쌍해서 천지를 제대로 볼 수 있는 날을 예측할 수도 없다고 합니다. 푸른하늘에 하얀 구름을 담은 멋진 천지를 볼 수 있을지 기대가 됩니다.

출발 할 때의 날씨는 쾌청했는데 오를수록 점점 더 날씨가 흐려지고 있습니다. 가이드도 백두산을 수차례 올랐지만 천지를 볼 수 있었던 날은 한 두 번이라 합니다. 백두산은 위도와 고도로 인하여 산 정상부가 한반도에서 가장 추운 곳 입니다. 천지의 물은 달문으로 흘러내려 장백폭포와 이도백하를 거쳐 송화강에 도달 합니다. 오르기 전 폭포아래쪽 온천수에서 계란을 삶아 파는 광경을 구경했었습니다. 정상부근 큰 공터에 도착하여 내리자 우리를 환영하는 것은 거친 숨소리의 바람입니다. 온 천지가 흐린 날씨에 강한 바람이 불고 있어 바람에 밀려 정상 천문봉으로 올라갑니다. 몸이 바람에 날려 넘어질 것 같습니다. 장백산, 백두산 천지 정상석에서 안개로 앞을 제대로 볼 수 없었습니다. 천지는 결코 모습을 드러내지 않았습니다.

푸른 하늘과 하얀 구름을 담은 아름다운 천지를 언제 볼 수 있을까?

일본 대마도

쓰시마(대마도) 일본 나가사키현에 딸린 섬
일본에서 한반도와 가장 가까운 섬으로 쓰시마시에 속함
상.하섬으로 섬 전체가 해발고도 400m 내외의 산지

가깝고도 먼 나라 일본

2016년 6월 6일(월)-7일(화)

오전 6시 50분 아침 찬 공기를 가르며 부산항국제여객터미널로 12명을 태운 봉고차가 질주 합니다. 여행을 떠나는 마음은 첫사랑의 설렘을 담은 솜사탕으로 가득합니다.

부산항에서 49.5km(1시간 10분) 일본 본토 후쿠오카에서 138km(5시간 50분) 위치에 있고 고대로 부터 대륙과 일본의 중계지 역할을 하고 일본 문화의 원형을 알 수 있고 풍부한 역사 유산이 있는 대마도(쓰시마)로 갑니다. 여객터미널에서 커피와 빵으로 소담을 나누며 수속을 마친 후 9시 BEETLE호에 승무원의 안내를 받으며 승선합니다. 드디어 출항합니다. 천진난만한 우리의 모습을 찍어 볼까요...

1592년 4월 13일 맑음. 이순신 제독이 동헌에 나가 일을 한 뒤에 활 15순 쏘았던 이날 왜적들이 타고 온 배가 대마도로 부터 부산포 앞에 이르는 바다를 가득 메워 그 끝이 보이지 않았다는 부산포 바다를 오늘 건너갑니다.

붉은 피를 먹었던 남쪽바다, 이제는 평화로운 바다가 되어 이렇게 자유롭게 갑니다. 그 당시 8~13시간 소요된 시간이 오늘은 1시간 10분이면 갑니다.

역사적 정치적으로 아직도 가깝고도 먼 이웃인 일본에 씨를 뿌리러 갑니다. 민들레 홀씨가 바람에 날려가듯 1박 2일 우리가 머무는 곳에 기도의 씨앗을 뿌리려 합니다.

소형차와 자판기의 왕국 일본

일본에서 3번째로 큰 섬 울릉도의 10배 거제도의 2배 면적에 해당하는 대마도(쓰시마) 히타카쓰항에 입항하여 수속을 마친 뒤 소형차와 자판기의 왕국 일본 땅을 밟습니다.

오전 10시 24분 (대마도 인구 32,135명).

1호차: 최경수(조영숙)목사, 강영석(김진선)집사. 2호차: 박찬익(이봉희)장로, 김법년(이필화)집사. 3호차: 유진형, 이호형, 한용섭 집사. 렌트카로 해서 11시가 넘어서 출발합니다.

행정조직상 6개의 마치로 되어 있는 쓰시마를 둘러보러 고불고불한 좁은 도로를 오른쪽이 운전석인 소형차로 나란히 달립니다.

한참을 달리다 도로 옆 한적한 어느 식당에 들어갑니다. 12시1분.

매직으로 쓴 것 같은 일본어 메뉴가 벽에 줄줄이 붙어 있지만 유구무언 입니다. 일본어에 능숙한 유진형 집사 덕분에 배고픔을 해결합니다. (짬뽕, 새우튀김, 라면)

식당 아주머니가 계산서를 주며 이의가 있는지 확인하고 지불하라 합니다. OK

쓰시마섬 편백나무숲 길을 달리는 소형차들이 소인국을 연상케 합니다. 피톤치드가 불어와 상쾌한 기분을 줍니다. 상록침엽수림을 달리며 마음은 시라타게(백악산)에 가있습니다. 우리가 도착한 곳은 바다의 신을 모신다는 와타르미 신사 입니다.

수 없이 많은 신을 숭배하는 일본의 얼굴을 보는 것 같습니다. 목조건물 신당 뒤로해서 쭉쭉 뻗은 거목을 지나 입구로 와서 함께 기념사진을 남기고 다시 대마도의 맥을 짚어갑니다.

오목조목한 작은 섬들이 절경 이뤄

오후 2시 10분 쓰시마 내에서 유일하게 360도 동서남북 사면을 모두 조망 할 수 있는 에보시다케 전망대에서 아소만을 내려다 봄니다. 바다 위에 떠 있는 오목조목한 작은 섬들이 절경을 이루고 있습니다. 바다 안개가 피어오르고 노란 야생화와 풀잎이 영롱한 안개 물방울 옷을 입고 있습니다.

함께 기쁜 모습을 폰에 저장하며 아름다움을 간직한 채 또 다른 모습을 보러 달립니다.

우리가 도착한 곳은 1900년대 일본 해군이 함대의 통로로써 인공적으로 굴삭한 해협에 다리를 세워 놓아 현재는 상 쓰시마와 하 쓰시마를 연결하는 붉은 다리 입니다.

만제키바시 위에서 내려다보니 짙푸른 해협을 하얀 길을 내며 어선 한 척이 마침 통과 하고 있습니다. 다리 위에서 점프 순간 포착 사진을 찍어 봅니다. 하나 둘 셋...자세가 가지가지 입니다.

도로 옆 노점에서 짭고 단 간식을 먹으며 휴식을 합니다.

자! 갑시다. 1번 출발.

달리는 창밖으로는 목조 건물의 전통 가옥들 산과 숲 터널 입니다. 물 위의 오리는 평온 하지만 물 아래의 오리 발이 수 없이 움직이듯 속이 보이지 않는 일본의 모습이 아닐까 생각해 봅니다.

임진왜란 후 조선과의 국교 회복을 위해 200년간 12회에 걸쳐 통신사의 방문으로 이루어진 활발한 교류 우호를 기념하는 조선통신사비와 조선 26대 고종의 딸 덕혜옹주의 1931년 5월 쓰시마 번주소 다케유키 백작과 결혼을 축하하는 덕혜옹주 결혼봉축기념비를 지나 4시 11분 구 거네이성 정원을 보느냐 마냐 하다 1인당 300엔을 지불하고 기대를 하고 들어섰건만 초라한 정원에 모두들 실망합니다.

비가 오기까지 하여 처량한 신세가 되어 후다닥 비를 피하려고 간이매점으로 갑니다. 이런! 문이 닫혀 있네요. 마음을 추스르고 모두 승차하여 이즈라항으로 악세레다를 세게 밟습니다.

맛깔스런 일식

반쇼카쿠 숙소에 짐을 풀고 항구 주변을 산책삼아 함께 도보 합니다. 적막한 항구에 우리의 웃음만 메아리칩니다. 하늘도 바다도 백지입니다. 참치 잡는 어선도 쉬고 있습니다.

실용적이고 특이한 디자인의 건물과 마트도 구경하고 골목골목으로 찾아 식당으로 들어갑니다.

1600엔, 1550엔 하는 회 정식 튀김 정식 돈가스 정식을 주문하고 기다립니다.

아기자기한 접시에 맛깔스런 음식이 들어오고 친절한 목소리도 들려옵니다. 맛있게 먹고 나니 밥이 들어와 반찬 오기를 기다리지만 알고 보니 먼저 온 음식을 밥과 같이 먹어야 하는 것이었습니다. 식당을 나와 숙소로 돌아갑니다.

가로등 불빛이 흐르는 물 그네를 타고 있는 저녁입니다. 볼록 거울에 비쳐진 거리의 풍경이 이색적입니다. 어둠이 깊어가는 저녁 다시 1호차를 따라 어디론가 2호, 3호 차가 올라갑니다.

그리고 되돌아 오징어잡이 배의 불빛이 환상적으로 내려다보이는 야외 족욕탕 온수에 모두들 발을 담구어 봅니다. “먼저 분양받아 좋은 자리 다 차지하고 나는 자리가 없네" 아부와 공부가 철학이라며....

오징어잡이 배의 불빛이 보석처럼 반짝이는 항구의 밤 입니다. 여기서 영성 개발 할까요.

기도가 민들레 홀씨되어...

다시 숙소로 내려와 함께 삶을 나누어 봅니다.

영성은 함축해서 하나님과의 관계 사람과의 관계라고 최경수 목사님이 말씀 합니다.

각자 허심탄회하게 삶을 나누고 통성기도 후 방으로 돌아와 가로등 불빛이 별처럼 빛나는 이즈하라항 항구의 깊은 밤 속으로 잠이 떨어집니다. 일본에서 사용되는 전통식 바닥재 다다미가 깔린 방 창문으로 빛이 스며 들어와 잠을 깨웁니다. 정교하게 짜여 진 다다미의 촉감이 참 좋습니다. 밖으로 나와 아침 선선한 바람을 맞으며 수로 속의 물고기를 봅니다.

조식은 작은 생선구이, 김, 단무지, 계란야채로 도시락처럼 차려져 있고 밥은 마음대로. 어제 저녁을 생각하면 아리가또 고자이마스.

오전 9시 1호차를 선두로 오늘의 일정이 시작 됩니다. 주황색 지붕으로 조그만 옷가게 같은 대마은혜교회를 지나고 사거리에 세워진 빨간 우편함도 백미러로 점점 멀어집니다.

마트에 들러 점심 도시락과 광어 회(한용섭 집사 전용)를 뜨고 선물도 구매하여 쓰시마 최북단 와니우라에 있는 한국전망대로 신나게 달립니다.

산을 넘고 마을을 돌아 터널을 통과 숲 도로를 달리는데 깜박 잠이 듭니다.

1호차가 어느 마을 입구에 주차하여 잠시 쉬어 가자합니다. 담이 없는 가옥들 그리고 좀처럼 보기 드문 논이 있는 평온한 마을 입니다.

개 짖는 소리도 없고 흙 파는 닭도 없고 모가 심겨진 논에 백로 여러 마리가 낯선 이방인들을 바라보고 있습니다. 우리는 2층 목조 건물의 전통가옥을 보며 군주처럼 살고 있는 그들을 봅니다. 마을을 점령한 무리들처럼 폼을 잡아봅니다 . 2면, 3면 어떤 가옥은 사방을 내려다보는 형태의 기와지붕 아래 또 기와로 지붕이 있는 그들만의 독특한 건축 입니다.

나고야성 오사카성 구마모토성이 연상이 됩니다. 다시 안전벨트를 합니다.

한국전망대에 도착해 수평선 멀리 부산이 보이는지 바다를 봅니다.

조선국역관사순난지비를 배경으로 돌아가며 사진을 찍습니다.

미우다 해수욕장에서의 동심

일본의 해변 100선에 선정된 미우다 해수욕장에 내려서자 규모는 작지만 고운 입자의 천년 모래와 에메랄드 그린물의 바다가 펼쳐져 있습니다.

식사 먼저 합시다. 가져온 광어회 튀김도시락, 고등어 도시락, 연어 도시락 그리고 사모님이 사온 수박과 과일로 배부르게 맛있게 먹습니다. 저쪽 수영복 차림의 사람들과 경찰이 무엇인가 소통이 안 되는 모양입니다. 유진형 집사가 가서 서로의 얼굴에 웃음이 있게 해 줍니다. 미우다 해수욕장에서는 어떤 해산물도 채취해서는 안 된다 합니다.

주민의 신고가 있어 경찰이 출동 했다 합니다.

물결치는 파도가 없는 호수 같은 미우라 해수욕장 우리는 무릎까지 찰랑찰랑하는 바다 물속을 걸어갑니다. 물속 고운 입자의 모래가 보이고 애기 피부처럼 부드럽습니다.

미우다 해수욕장을 상징하는 바위로 가 기념사진을 남깁니다. 유 감독이 김, 이 부부에게 수건을 치우라며 멋진 포즈를 시킵니다. 이번에는 강, 김 부부가 포즈를 취하며 "오빠 믿지" 하며 식탁을 맞추려 하는 모습에 웃음바다가 됩니다.

"오빠만 믿어" 재차 시도에 박장대소 합니다. 오빠 믿지에 어언 희로애락의 27년 세월이 흐르고 지금은 행복의 웃음꽃이 가득 합니다.

다음은 박, 이 부부의 여러 번 NG에 모두들 하회탈이 됩니다. "오빠 믿지" 해외 촬영이 종료되고 히타카츠항으로 달립니다.

렌터카를 반납하고 수속 후 오후 4시 히타카츠항을 출항하여 그리운 고국으로 귀국합니다.

에메랄드 그린 바다와 푸른 하늘 굴곡미의 해안과 울창한 숲의 대마도가 모래시계처럼 사라집니다. 수평선 바다 위를 날아 눈에 익은 오륙도와 신선대 그리고 거대한 항구 도시 우리의 안식처가 있는 부산에 무사히 귀국 합니다. 우리 일행을 마중 나온 노창호 회장님 덕분에 편안하게 귀가합니다. 고국에 왔으니 애국가 불러야 하지 않나? 한돈 양가에서 김치찌개로 저녁을 먹으며 오후 7시 영성 수련회를 종료합니다.

감사한 분들 : 부산항 국제여객타미널로 운전해 주신 김봉용 집사, 수련회 기획과 절차를 준비해 주신 이호형 집사, 현지 통역과 1호차 운전해 주신 유진형 집사, 집행부에서 수고하신 한용섭 집사, 2호차 운전해 주신 박찬익 장로, 3호차 운전과 말씀 그리고 간식저녁식사 대접해 주신 최경수(조영숙)목사, 김치. 일정에 동참해 주신 이봉희 이필화 집사, 1박2일 동안 수준 높은 유머로 웃음꽃 주신 강영석 집사, 선물을 돌리신 김진선 집사, 마중나와 주신 노창호 회장, 저녁시간에 동참해 주신 노창동 집사

영주 무섬 (수도리)

경상북도 영주시 문수면 수도리에 있는 전통마을

동심이 그리워지는 물 위의 섬

2014년 8월 2일 토요일 흐림. 맑음. 비

새벽부터 좀 서둘렀습니다. 오늘은 무궁화호 기차 오전 7시 20분 시간에 맞추어야 하니까요. 어딜 가냐구요? 소연, 성일, 수연이와 기차여행을 하며 영주 무섬에 가려고 합니다.

이필화는 출근 때문에 아쉽네요. 오전 7시 부전역에 도착하였습니다. 휴가철이라 좌석도 다른 곳이고 영천에서 의성까지는 서서 가야 한답니다. 청량리 종착역 안내 방송이 나오고 기차는 서서히 부전역을 출발 하였습니다.

조반으로 옥수수와 바나나 떡을 나누어 주고 내 자리로 와 앉았습니다. 내 옆에는 안동에 친구를 만나러 간다는 여대생이 앉아 있어 옥수수를 반 주었더니 고맙다고 인사를 합니다. 달리는 기차 창밖 하늘을 보니 구름이 거치고 푸른 하늘이 보이고 있습니다. 파도치는 시원한 바다 연두색 논들과 녹색 산들이 보이는 것만으로도 여행의 즐거움이 있습니다. 부전, 동래, 해운대, 송정, 기장, 좌천,

월내, 남창, 덕하, 태화강, 호계, 불국사, 경주, 서경주, 영천, 하양, 동대구, 의성, 안동, 영주... 동해남부선 무궁화호 기차입니다. 저 해수욕장에서 바라보는 기차 풍경이나 들녘 중앙을 달리고 있는 이 기차를 보는 사람들도 잠시 서서 손을 흔들고 있습니다. 한차례의 바람이 불면 벼들이 파도타기를 합니다. 먼 산 능선들도 출렁거리고 있습니다. 무궁화 기차 달리는 바퀴소리는 예전이나 지금이나 같습니다. 덜커덩 덜커덩....손 꼭 잡은 주부, 머리를 어깨에 기댄 연인, 먹을 걸 챙겨 주는 노부부, 친구들끼리 깔깔 대며 소곤소곤하는 무리들. 풍광을 즐기는 나 홀로 여행객, 노트북 열고 출장가는 사람, 짐 보따리 있는 아주머니... 모두가 기차 여행의 정겨운 모습들입니다.

정유공장도 지나고 자동차 공장도 지나고 아파트도 뒤로 점점 작아지고 있습니다.

자녀들과의 기차여행

우리들의 삶에는 다 종착역이 있습니다. 이 기차를 타고 저 은하수 별들을 구경하며 끝없이 달리고 싶어집니다. 경주 안압지 앞의 연꽃 군락지에는 예쁜 꽃이 엄청 피어 있지만 기차는 멈추지 않고 지나갑니다. 영천역 여기서부터 의성역까지는 서서 가야 합니다. 간식도 사 먹을 겸 4호차 카페에 가면 자리가 있겠지 싶어 애들과 4호차로 가서 문을 열었습니다. 아니! 웬걸 바닥까지 촘촘히 앉아들 있습니다. 휴가철이 맞네요.

오징어와 커피를 사서 통로로 나왔습니다. 한쪽은 아저씨 두 분이 앉아 있습니다.

애들은 흔들거리는 와중에도 웃으며 이야기를 합니다. 입석도 재미가 있네요. "아빠 우리 계속 서서 가야해요?" 수연이가 물어 옵니다. "아니 의성에서 앉아 간다." 여행은 뜻하지 않는 일을 만나게 되기도 합니다. 의성역에서 3호차에 다 같이 앉아 가게 되었습니다. 영주역까지는 1시간 소요 예정입니다. 무궁화호 기차는 여름 산들을 달리고 있습니다. 바람이 불어도 비가 쏟아져도 눈이 와도 푸른 하늘에도 늘 이 길만을 달리고 있습니다. 12시에 영주역에 도착하였습니다. "아빠 배고파요", "그래 식사하고 가자" 역 근처 식당에 들렀습니다.

메뉴를 주문 후 "아주머니 여기서 무섬 가는 버스 있습니까?", "여기는 없어요. 버스 터미널로 가야 할걸요", "예" 내일로 기차여행 책에서는 영주역에서 20번 타고 무섬마을 하차로 되어있던데... 갈치찌게와 고등어백반으로 점심을 맛있게 먹고 밖으로 나와 택시를 타고 시내버스터미널에 도착하였습니다. 휴게실에는 매표도 없고 의자와 벽에 버스들 시간표가 붙어 있습니다. 주차해 있는 버스를 보니 20번 버스에 무섬이 있어 아이스크림 한 개씩 물고 탑승해 기다렸습니다. 오후 1시 20분 기사님 운전으로 무섬마을로 출발을 하였습니다.

천천히 느긋하게 운전하시니 풍경을 제대로 볼 수가 있습니다. 시원한 에어컨 바람도 나오고 시내를 벗어나 문수역을 지나 우측

길로 월호교를 건너 달리고 있습니다. 창밖으로는 온통 보라색 흰색 도라지꽃 밭입니다. 오후 2시에 내성천이 흐르는 수도교 건너 무섬 전통마을에 도착하였습니다.

고택 해우당

물 위의 섬. 무섬마을은 1666년 반남 박씨 박수님이 들어와 살기 시작하고 예안 김씨들도 들어와 살기 시작해 거주가 시작된 마을입니다. 가장 큰 집이 해우당이라는 고택이 있고 연꽃이 물에 떠 있는 듯한 형상이라 하여 '연화복수' 또는 매화 가지에 꽃이 핀 형상이라 하여 '매화낙지' 라고도 불리고 있는 마을입니다. 내성천이 마을을 휘감아 흐르고 있고 그 물길 주변에 황은빛 모래 백사장이 펼쳐져 있습니다. 찰랑찰랑 흐르는 물 위로 S자형 외나무다리가 놓여 있어 보기만 하여도 아름다운 다리에 걷고 싶어지는 다리입니다. 동심이 그리워지는 추억의 외나무다리입니다. 15m 다리로 쟁기 지고 소 몰고 건너기, 소 갈비짐 지고 건너기 등 10월 중 무섬 외나무다리 축제가 있다고 합니다. 지난 350년간 마을과 뭍을 이어준 이 다리는 1979년 교량이 설치되면서 사라지게 된 다리를 마을 주민과 출향민이 힘을 모아 예전 모습으로 재현 했다고 합니다. 안동 하회마을 예천 회룡포 마을 영주 무섬마을이 대표적인 물돌이동 마을입니다. 우리는 먼저 무섬마을 대표적 고택인 해우당을 구경하였습니다. 고종 16년(1879) 의금부도사(부군수) 해우당 김락풍님이 지은 살림집으로 ㅁ형 가옥으로 가장 큰 집입니다. 오래된 세월속에서도 잘 보존되어 있습니다. 콘크리트 구조물은 수명이 99년인데 목조건물은 1000년을 간다고 합니다. 예전에는 100가구였는데 지금은 50여 채 정도랍니다. 무섬 골동반 향토 음식점도 둘러보고 고택 가옥을 구경하는데 다 생활을 하고 있습니다. 어떤 가옥에는 큰 가마솥도 있고 단지도 많고 마당에 빨강 주황 백일홍에 노랑 해바라기도 피어 있네요.

애들 사진도 찍어주면서 마을을 구경하였습니다. 기와 돌담도 걸어 봅니다. 고택과 돌담길은 선조들의 혼이 담긴 예술의 아름다움을 느끼게 합니다.

내성천의 외나무다리

"소연아! 성일아 수연아, 기와 돌담에 쭉 서라" 기념으로 폰에 담았습니다. 자 이제 외나무다리 건너보자. 내성천에 놓여 있는 다리로 갔습니다. 사람들이 많이들 건너고 있습니다. 바람도 불어주고 시원합니다.

걷기에 충분한 폭입니다. 마주 오면 물로 내려가 걸어도 됩니다. 그런데 중간 중간에는 보조 다리가 있어 양보하면 됩니다. 한 걸음 한 걸음 중심을 잡고 사진속의 다리를 직접 걸어보니 기분이 참 좋습니다. 성일이는 저 앞에 걸어가고 있습니다. 다리 밑으로 흐르는 수량은 적지만 투명하여 모래알이 다 보입니다. 작은 고기떼들도 물살을 타고 있습니다. 아예 다리에 걸터앉아 발을 물에 담구고 있는 사람도 있습니다. 청춘 남녀는 추억 만들기에 흐르는

물에 시간을 보내고 있습니다. 단체로 오신 분들 기념사진도 찍어 주었습니다. 참 좋을 때 입니다. 이 조그만 마을에 이 다리가 많은 사람들을 오게 하고 있습니다. 끝 지점에서 출발점을 보니 제법 먼 거리입니다. 되돌아가는 것도 운치가 있네요. 성일이는 벌써 저쪽으로 가 수연이와 이야기하고 있습니다. 소연이는 하류 쪽에서 흘러가는 물을 감상하고, 취재 나온 분들도 보입니다. 큰 물살이 몰려오면 외나무다리도 따라 내려갈 것 같습니다. 마을로 다시 들어와 옥수수 밭이 있고 꽃 정원과 마당이 넓은 가옥으로 들어갔습니다. ㅁ자형 고택으로 250년이 되고 10대째 여기서 생활한다며 민박도 되고 시원한 음료와 아이스크림 과자도 판매해 사서 마루에 앉아 먹으면서 쉬었습니다. 민박하는 가족이 있네요.

크고 작은 검정, 흰 고무신도 나란히 기대어있고 마른 옥수수와 해바라기도 외벽에 걸려 있습니다. 여기서 하룻밤 지내면서 밤이면 시원한 마루에 누워 밤하늘 별들을 세면서 잠들면 좋겠습니다.

옆집은 꽃으로 입구가 가득한 김욱 초가 가옥입니다. 참께도 많이 심어 놓았네요. 애들이 쉬고 있는 동안 무섬자료전시관을 둘러보고 함께 수도교로 갔습니다. 밑에는 물놀이 피서객들이 많이 있습니다. 벤치에 앉아 버스를 기다렸습니다. 오후 3시 30분에 나가야 할 버스가 오지 않아 지루해지기 시작했습니다.

3시 50분에 버스를 타고 다시 영주로 나갔습니다. 도라지밭 보건소 문수역을 지나는 동안 애들은 잠이 들었습니다. 영주시내 버스터미널 종점에 도착 택시를 타고 시외버스터미널로 가서 오후 5시 10분 부산행 버스표를 사고 30분 휴식하며 간식을 먹었습니다. 안동을 거쳐 오후 8시 40분에 부산에 도착하니 바람불고 비가 내리고 있었습니다. 지하철 타고 무사히 귀가 하였습니다. 오늘 찍은 사진을 보면서 애들이 웃고 있습니다

고향

꽃피는 산골, 늘 그리운 고향

2014 년 8월 23일 토요일 맑음

나의 고향은 경북 봉화군 춘양면 서벽 2리 입니다. 국민학교 3학년때 부산으로 전학 와서 지금까지 살고 있습니다. 매년 추석이 다가오면 옛 풍습을 따라 고향으로 벌초를 하러 갑니다. 고향은 늘 그립고 어린 시절의 삶이 있는 추억의 마을입니다. 나의 기억으로는 부모님과 형, 동생 세 명은 먼저 부산으로 가고 나는 조부모님과 함께 서벽교회 옆 초가집에서 생활을 하였습니다.

나는 새벽종 치는 소년이었습니다. 자욱한 안개 낀 새벽, 비가 쏟아지는 새벽, 찬 바람이 싱싱 부는 새벽, 하얀 서리가 내린 새벽, 흰 눈이 수북이 쌓인 새벽, 고요한 새벽에도 종을 쳤습니다.

땡그랑 땡!! 땡그랑 땡!!....깊은 산골까지 은은하게 울려 새벽을 알렸습니다. 마치 호수에 돌 하나를 던지면 원의 파문을 일으키듯 한방 창문을 거쳐 귀에 들려줍니다.

예배당 호롱불 심지에 불이 붙여지면 어두움은 사라지고 창문이 어둠속에서 더욱 환하게 보입니다. 십자가와 밝은 창문을 향해 발걸음이 어둠을 해치며 걸어옵니다. 조부님이 예배를 인도 하셨습니다. 마을에는 이제 꼬끼오! 닭이 아침을 알립니다. 저기 옆집에서도 꼬끼오! 응답을 합니다. 집집마다 굴뚝에 하얀 연기가 모락모락 피어오릅니다.

할아버지는 지게 지고 나가셨고, 할머니는 부엌에서(정지) 연기속에 장작을 태우며 아침을 준비하고 계십니다. 나는 싸리나무 빗자루로 먼지 나는 마당을 쓸었습니다.

마당에는 빗살무늬 자국이 남아 있습니다. 그리고 마당 저편 돌담 아래 화단에는 계절에 따라 채송화, 백일홍, 분꽃 봉숭아, 나팔꽃, 맨드라미, 황매화와 이름 모를 꽃들이 피어 있었습니다. 조반이 다 준비되고 조부께서 나무를 한 짐 풀고 지게를 세우고는 대충 씻으시고 흰 고무신을 벗고 마루를 건너 방으로 들어가시며 이름을 불렀습니다.

나는 검정 고무신을 벗어 던지고 방으로 들어가 앉습니다. 좁쌀밥 아니면 감자 보리밥에 묵은 김치, 된장 그 계절에 나오는 나물, 특별한 반찬은 없습니다. 다른 반찬이 있는 것도 모르는 시절 입니다. 쌀밥은 손님이 오시면 먹어보는 밥인데 기름진 쌀밥에 간장으로만 먹어도 그렇게 맛이 좋았습니다.

가난 이라는 것을 몰랐습니다. 부자라는 것도 몰랐습니다. 둘러앉아 감사기도 후 그냥 먹었습니다. 하얀 분이 나는 감자를 된장에 찍어 먹어도 맛이 좋았습니다. 질리도록 먹은 감자 맛이 나중에는 씨구왔습니다. 그때는 양치질도 하지 않았습니다. 아침 해도 뜨고 옆집 개도 꼬리를 흔들고 있습니다.

국민학교

보자기에 책과 공책, 연필을 싸서 말아 등에 지고 가슴에 매듭을 하고는 기억도 나지 않은 아이들과 함께 학교를 향하여 갑니다.

신작로는 비포장 길로 버스가 지나간 자국이 들어가 있어 선명하였습니다. 앞동산을 돌아 학교까지 제법 걸어야 하는 길입니다. 흙먼지 나는 이 길 양옆으로는 미류나무가 일정한 간격으로 줄지어 있습니다. 어린 나의 눈에는 길도 넓고 나무도 커 보였습니다. 학교와 우리 마을 그리고 논과 밭을 지나 산재를 넘어 외가의 큰 집이 있는 마래이라는 곳만 알고 있을 뿐이었습니다. 나무 책상에 나무 의자, 나무 복도, 수업 시간에 아버지, 어머니, 나, 너, 영희야, 철수야. 국어 시간과 그림 그리기 외에는 무엇을 배웠는지 기억이 나지 않습니다. 성적우수 상장을 보면 그 상장에 애착이 갑니다.

우리는 창문을 닦기도 하고 복도 마루에 초를 문질러 빤들빤들하게 하기도 하였습니다. 여 선생님 숙사에 장작불로 물을 끓이기도 하였습니다. 그 때는 목욕탕이 없었으니까요. 학교에서는 옥수수가루로 만든 직사각형의 빵을 나누어 주어서 반만 먹고 반은 남겨 가지고 왔습니다. 할머니 드리려구요. 학교에서 가을 풍경 그리는 그림이 생각 납니다. 크레용 12색이 전부인 줄 알았습니다.

굴뚝에 연기가 나고 낙엽과 단풍이 든 가을풍경을 그렸습니다.

그리기에 소질이 있었는가! 중학교 때는 전국 대회에서 특선을 하여 학교의 명예를 높이는데 일조하기도 했습니다. 친구들이나 선후배들도 그림 잘 그리는 사람으로 기억들 하고 있습니다. 교장 선생님은 서울대 미대를 권유 했지만 나는 대학교를 알지 못하였습니다. 교내 사생대회 나가면 친구들이 옆으로 몰려와 터치 좀 해 주라며 부탁해 오면 조금씩 손질해 주어 여러 친구가 입상하기도 하여 인기도 많았습니다.

수업이 끝나면 친구들과 먼지 나는 그 길을 걸어 집으로 갑니다. 길 양옆으로는 논이 전부였습니다. 요즘은 전부 사과 과수원입니다. 봄이면 소와 쟁기로 논갈이가 시작되고 물이 가득 차고 모심기 철이 오면 상부상조로 일 열로 서서 허리를 굽히며 모를 심습니다. 머리에 이고 온 새참도 먹고 점심은 나무 그늘 아래 빙 둘러앉아 콩나물 비빔밥을 먹었습니다. 여름이면 벼들이 자라 바닥은 보이지 않고 바람이 부는 대로 녹색 물결이 파도를 연상케 합니다.

고향의 자연 회상

가을이면 알곡들이 고개를 숙이며 황금 들녘이 풍성하기만 합니다. 메뚜기들도 한 철이라 얼마나 신나게 뛰며 날아오르는지 잡기에 바쁩니다. 추수 때면 마당에 큰 돗자리를 깔고 탈곡기로 벼를 텁니다. 와랑! 와랑!

원통에 산 모양의 철사가 교차로 박혀 있는 탈곡기가 돌아가는 소리입니다. 돌아가는 탈곡기에 벼를 터는 겁니다. 한 가마 두 가마 쌓이면 마음이 넉넉해지고 여유가 생깁니다.

햅쌀밥은 반지르르 윤기가 나고 쫀득하여 그냥 먹어도 맛이 있고 조선간장에 비벼만 먹어도 맛이 일품입니다. 이제 찬바람이 불고 낙엽이 다 떨어지면 송이 송이 눈꽃 송이가 내리기 시작 합니다. 벼를 잘라낸 그 위에 쌓이기 시작하면 온 논이 하얀 세상으로 변합니다. 이제는 논도 긴 겨울잠을 잡니다. 물이 고인 곳이 얼음판이 되어 있으면 나무로 시게또(썰매)를 만들어 신나게 탑니다. 잘 타는 형들은 서서 썰매 중간 발 하나를 탑니다. 추우면 모닥불 피운 곳에 모여 추위를 몰아내다 나일론 양말을 태우기도 하였습니다. 소매에는 콧물을 닦아 빤질빤질 합니다. 그래도 그렇게 춥다고 느끼지 않았습니다.

엄동설한 동장군이 물러가면 아지랑이 가물가물 피어오르고 논에는 풀도 나오고 논두렁에는 쑥도 나오고 올챙이도 보이고 또 때가 되면 논을 갈지요. 그렇게 반복의 시간 속에 나는 점점 커갑니다. 우리는 집으로 오는 길 양 옆 미류나뭇잎을 기차처럼 엮어 끌면서 귀가 하곤 하였습니다. 동네 어귀 동산에 오면 겨울이면 옴폭 파인 곳에서 따뜻한 햇볕을 쪼이다 가곤 하였습니다. 집으로 오면 마루에 책보자기를 던져 놓고 집안일을 도우던가 아니면 노는 것이 일과입니다.

무슨 숙제가 있었는지도 모르겠습니다.

다마치기(구슬)는 마당 중앙에 홀이 있고 사방으로 일정 간격 홀이 있습니다. 첫 번째 홀에서 중앙을 거쳐 먼저 들어오면 됩니다.

상대방 구슬을 쳐서 멀리 보내고 먼저 들어오는 다마치기 놀이입니다. 은빛 나는 쇠구슬은 무게가 있어 그 손맛이 또 있습니다.

딱지치기 놀이, 그리고 돌담 사이에 나무를 끼워 넣고 낫으로 살살 빗어내어 팽이를 만듭니다. 윗부분은 톱으로 자르고 크레용으로 빨강 파랑 노랑을 원으로 색칠합니다. 아래는 못이나 작은 쇠구슬을 박아 돌 수 있도록 하였습니다. 키가 큰 나무 팽이, 원이 큰 나무 팽이, 위의 색깔도 가지가지 팽이를 나무 막대기에 헝겊 끈으로 묶어서 팽이를 끈으로 감아 돌린 후 치면 팽이가 신나게 뱅글뱅글 돌아갑니다. 위의 색상도 우주의 은하수처럼 보입니다. 치면 칠수록 맞으면 맞을수록 오래 살 수 있습니다. 우리는 여러 팽이의 은하수에 시간을 잊은 채 팽이와 함께 우주를 여행 합니다.

그리고 땅 따먹기 놀이가 있습니다. 마당에 사각형 줄을 그어놓고 각자 모서리에서 엄지를 중심으로 중지를 펴 원을 그려 만나는 지점 안이 자기 땅이 됩니다. 자기 집에서 돌을 튕겨 세 번 만에 자기 집으로 들어오면 그 땅이 자기 땅이 되는 겁니다. 실제로 내 땅

이 되는 것도 아닌데 열심히 내 땅을 넓혀 갑니다. 다른 애들 보다 조금 크면 내 땅이 크게 보여 씨익 웃곤 하였습니다. 많은 국가가 땅을 경계로 영토를 수호하고 있습니다. 땅은 삶과 자유의 터전 입니다. 많은 나라가 땅을 중심으로 건국되기도 하고 사라지기도 하였습니다. 검정 고무신 꺾어 자동차 놀이도 하고 나무에 올라가 매미 소리 들으며 잠시 휴식하기도 합니다. 보리타작 시기에는 마당에 멍석을 깔아놓고 보리를 멍석위에 펴 놓고 도리깨 라는 것을 돌려 내리 치면 보리알이 떨어졌습니다. 땀나고 더우면 냇가로 가 물속으로 들어가 더위를 잠재우기도 하였습니다. 물속에서 눈을 뜨면 조약돌들이 어린 눈에도 참 예뻐 보였습니다.

손으로 물살을 일으키면 작은 돌은 물살에 자리 이동을 하였습니다. 밖으로 나오면 햇빛을 받아 온돌이 된 바위에 앉아 자연히 건조 시킵니다. 때로는 친구들과 어울려 작은 함마와 냄비를 들과 개울을 따라 올라가면서 바위를 치면 소리에 놀라 기절한 피래미와 수염이 난 통글이 가재도 잡아 냄비에 간장을 타서 끓여먹기도 하였습니다.

시골 옛 풍경속으로~

비 내리는 날에는 마루에 앉아 초가집 처마에서 줄줄이 떨어지는 빗방울을 하염없이 보기도 하였습니다. 그 작은 빗방울이 쭉 마당에 구멍을 파 놓습니다. 옥수수의 붉은 수염과 잎에서도 빗방울이 떨어지는 것을 보았습니다. 닭장의 닭들도 비가 내리면 나무에 걸터앉아 밖을 주시합니다. 닭장 바닥이 물로 피해를 입을 것을 감안해 미리 대피한 것입니다. 짓궂은 장난도 한 적이 있습니다. 마을에서 유일하게 버스가 지나가는 다리 위에서 버스 천장 문 열린 곳으로 흙모래 한줌 던지고 도망치기도 하였습니다. 바람에 흙먼지다 날아가고 잔모래가 조금 버스 안으로 들어갔을 겁니다. 그때 그 버스 안에서는 "고얀 놈" 하였을 겁니다.

새벽마다 치는 종도 대낮에 치고 도망가다 돌담에 이마를 박아 된장을 발라 치료를 한 적도 있습니다. 싸리나무 쳐 있는 곳에 빨간 고추잠자리를 잡아 손가락 사이사이에 날개를 끼어 데리고 다니다 도로 날려 보내기도 하였습니다. 교회 뒤 작은 동산에 밤나무가 있어 주인 몰래 털러 갔습니다. 친구들과 장작을 던져 밤송이를 맞추어 떨어지면 까먹는 것입니다. 이리 던지고 저리 던지고 하여 좀 소득이 있는가 싶을 때 "야! 이놈들" 고함 소리에 겁을 먹고 모두들 후다닥 도망을 치곤하였습니다. 몇 개나 까먹었을까? 고함친 어르신도 우리가 뉘 집 자제들인지 알지만 인심이 후덕 한지라 고함만 치신 것입니다. 전통 혼례식 날 보자기에 싸 놓았던 닭이 파드득 날아가 닭 잡던 일. 동네 어느 집 잔치가 있는 날이면 돼지 오줌보가 생깁니다. 우리는 그것을 공삼아 차고 놀기도 하였습니다. 오줌 보따라 이리 뛰고 저리 뛰고 할 때 해는 서산 넘어가 어둑해져서야 각자 집으로 돌아가는 뒷모습을 봅니다.

여름밤 시원한 마루나 사랑채에 누워 있으면 "개골개골" 개구리들이 무슨 이야기들을 하는지 개구리들의 합창에 밤은 점점 깊어가고 나도 모르는 사이에 눈꺼풀이 눈을 닫으면 귀만 그 소리 듣다 잠이 듭니다. 입 벌리고 새근새근 잠든 나에게 이불을 덮어 주셨을 것입니다. 철부지 시절 그때가 행복 했던걸 시간이 지나서야 알게 됩니다. 어렵던 시절도 고통의 시절도 다 지나고 나면 삶의 한 부분으로 모든 것이 감사 할 따름입니다.

가을 대 보름달이 뜨는 추석이면 오곡 찰밥에 나물 맛이 어떻게 좋은지 늘 추석이면 좋겠다 싶었습니다. 가을 밤 하늘의 별들도 선명하게 보여 셀 수도 있었습니다. 달빛과 별 빛만으로도 주위가 뚜렷이 보입니다. 저 별이 북극성인지 북두칠성인지 전혀 몰랐습니다. 그저 밤하늘의 반짝이는 별들만 한참 보다 방으로 들어가 잠들었습니다. 찬바람이 낙엽을 이리 저리 쓰러 모으고 마당에 흰 눈이 펄펄 날리며 쌓이기 시작하고 온 마을이 하얗게 변해 가면 우리는 조그만 손으로 눈을 뭉쳐 굴리기 시작 합니다.

앞으로 쭉 굴리면 롤 케이크처럼 됩니다. 반대로 굴리고 다시 공 모양을 만들어 가며 굴리면 마당에 굴러간 자국이 남습니다. 점점 둥글게 커지면 이제는 밀어서 한 곳에 세워두고 그리고 작은 공을 만들어 그 위에 올려붙이고 숯으로 눈과 코 입을 붙여 눈사람을 만듭니다. 친구들과 눈송이를 던지며 놀기도 하였습니다. 추워도 추운지 모르고 어린 시절은 지나갔습니다. 눈은 논을 감추고 신작로에 하얀 융단을 깔고 지붕 색깔도 바꾸고 산도 덮었습니다. 온 세상을 백색의 한가지색상으로 바꾸어 놓았습니다. 눈을 밟으면 어떤 때는 뽀드득 뽀드득 소리가 날 때도 있습니다. 때로는 솜이불처럼 푹신푹신하기도 합니다. 고요한 새벽 달 빛에 반사되는 눈은 형언 할 수 없는 은빛으로 마음을 사로잡습니다. 눈을 만져 보면 부드럽기도 하고 찹찹하기도 하고 먹기도 하였습니다.

초가집 처마에 고드름이 줄줄이 매달려 있으면 막대기로 장수가 장칼을 휘두르듯이 야~얍! 하면 투투투득 아래로 떨어집니다. 그리고는 칼을 칼집에 넣는 시늉을 하였습니다. 어떤 때는 고드름이 녹는 것을 봅니다. 방울방울 떨어져 눈과 마당에 흔적을 남겨놓습니다. 고드름을 따서 던지면 창이 되어 날아갑니다. 언덕길에 눈이 쌓이면 우리는 가마니나 마대 포대로 썰매를 탔습니다.

짧은 거리지만 신나고 즐거웠습니다. 친구들 이름이 불리워지면 각자 집으로 갔습니다.

가가호호 마다 굴뚝에서 연기가 피어오릅니다. 할머니는 밀가루

반죽을 하고 계십니다. 홍두께로 반죽 한 것을 앞으로 한번 밀고 조금 돌려서 한번 밀고 조금 펴진 그 위에 손으로 가루를 골고루 뿌리고 이리 밀고 저리 밀면 점점 넓적하게 커집니다. 뿌리고 밀고 하여 되었다 싶으면 말아서 가루 또 한번 흠치고 나서 총총총 칼질 하면 국수 가락이 만들어 집니다. 남는 부분은 펴서 국수 끓이는 장작불에 구워 내면 부풀어 오르고 중간 중간에 볼록한 공기층도 있어 바싹 거리며 맛이 있습니다. 장작으로 국수를 끓이느라 부엌에는 연기가 자욱합니다. 저녁식사 준비 시간이 요즘에 비하면 깁니다. 국수를 먹고 나면 호롱불 켜진 방안에서 송곳으로 옥수수를 깠습니다. 호롱불 가까이 가면 내 그림자가 커지고 멀어지면 그림자는 작아집니다. 자루에 옥수수 알을 넣어 놓습니다. 옥수수 알에 소금을 좀 쳐 삶아 먹기도 하였습니다. 옥수수를 까다가 그 자리에 잠이 들기도 하였습니다. 엄동설한 긴긴 겨울밤이면 화롯불에 감자를 묻어 구워 먹기도 합니다.

창호지 창문 밖 나무들이 거칠게 흔들리는 겨울밤이면 뒷간에 가기 싫어 요강에 해결하기도 하였습니다. 밤새 잠든 사이 살쾡이들이 마을로 왔다 간 날이면 닭이 없어졌습니다. 그런 날 밤이면 유독 개 짓는 소리가 많은 밤 이었습니다. 어느 추운 겨울 밤 이었습니다.

호롱불에 방 안에서 화로에 할머니는 지짐(전)을 구웠습니다. 밤간식으로 맛있게 먹었습니다. 시계가 없던 시절이었습니다. 전 뒤적이는 시간 "탕! 탕!" 정적을 깨는 총소리가 울렸습니다. 고요하고 평화로운 마을에 웬 총소리 인가? 사람들뿐만 아니라 동물들도 깜짝 놀라며 공포의 두려움이 쓰나미 처럼 닥쳐왔습니다. 할머니는 얼른 호롱불을 끄고 방문 고리에 숟가락을 꽂았습니다. 이렇게 하는 것이 안전하다는 최선의 선택이라 행동을 하신 것입니다.

6.25를 격은 분들은 또 전쟁이 아닌가 생각 할 수도 있습니다. 어린 나는 아무것도 모른 체 잠자리에 들었습니다. 동네 입구의 동산에서 깡통에 숯불을 넣어 빙빙 돌리던 지불하던 장소나 마을을 감싸는 시루봉과 옥돌봉에서 내려다본다고 가정하면 마을 집집마다 켜져 있던 방안 불빛이 일시에 소등이 되는 밤 풍경을 보았을 것입니다.

무슨 일이 벌어졌는지 알 수 없는 밤을 지나 아침에 일어나서 밖으로 나가보니 여기저기 사람들이 모여 웅성웅성 하고 있습니다. 개울가에는 군인들이 조반을 먹고 있습니다. 어린 나의 눈에는 새로운 광경 이었습니다. 세월이 흐른 후에야 울진으로 침투한 무장공비들이 우리 마을을 지나며 총격전이 있었던 것을 알게 되었습니다. 아직까지도 대치하여 총을 겨누고 있습니다. 평화통일은 언제 이루어지나!

명절 풍경과 운동회

구정 때는 동네 어르신을 찾아뵙고 세배를 드리러 여러 집을 방문 하였습니다. 세뱃돈도 받고 덕담도 들었습니다. 무슨 말씀을 하셨는지는 기억이 나지 않습니다. 생각나는 것은 조청에 하얀 밥상이 붙은 견과류 분홍색이나 다른 색깔이 있는 것도 있었습니다. 그리고 무엇보다도 떡국 맛입니다. 놋 그릇 안에 떡국과 두부, 만두 몇 개, 소고기 다진 것과 계란 꾸미의 떡국의 맛은 최고였습니다.

일원짜리 종이 지폐를 세뱃돈으로 받았는데 무엇에 써버렸는지 모르겠습니다. 어린시절의 명절은 늘 즐겁습니다. 이제는 어른 역할을 잘 감당하여야 할 시기 입니다. 성탄절 새벽이면 새벽송을 돌았습니다. 하얀 눈을 밟으면서 성탄의 기쁜 소식을 알았습니다.

그러면 옥수수 뻥튀기 한 티박 이나 과자를 주면 큰 자루에 넣어 와 작은 봉지에 나누어 담아 성탄주일 아침에 친구들에게 줍니다.

춘양을 지나고 애당을 지나고 서벽초등학교가 보이는 도로에 멈추어 서고 아버지와 여동생과 아들과 함께 아제 사과 과수원으로 들어갔습니다. 사과를 수확하시다 우리를 보시고 일손을 멈추었습니다. 방금 딴 사과를 먹어 보라며 주셔서 먹었는데 와삭 거리면 시원하고 단 맛이 있습니다. 사과도 한 보따리 주시고 벌초 후 집에 와서 점심을 먹으라고 신신당부를 합니다. 그러겠다고 말씀 드린 후 출발하여 서벽초등학교를 정문을 지나며 국민학교 시절 운동회가 생각이 납니다.

구름 한 점 없는 청명한 가을 하늘 어린 눈에 보이는 넓은 운동장과 만국기가 줄줄이 쳐져 바람에 펄럭이고 운동장에는 흰 라인이 그어져 있고 경쾌한 음악이 울려 퍼지고 청군기 백군기가 휘날리고 있습니다. 머리띠로 청군과 백군이 구분이 되어 있습니다. 사다리며 청, 백 큰 공과 운동회에 필요한 도구들이 있습니다. 큰 나무 작은 나무 그늘마다 많은 사람들이 쉬며 구경을 하고 있습니다. 그

야말로 가을 운동회는 온 마을 대 축제입니다.

준비... 탕! 백 미터 달리기에서 눈썹이 휘날리도록 검정 고무신 신고 뛰었습니다. 고무신이 흙을 밟는 순간부터 먼지가 일어납니다. 여러 명 달리는 뒤로 비행기 지나가면 푸른 하늘에 흰 줄이 생기듯 흙먼지가 솟아오릅니다. 운동장 언덕의 좀 먼 거리에서도 달리기 하는 것을 금방 알 수 있습니다. 나는 달리다 그만 돌에 걸려 넘어졌습니다. 어디가 까여 피가 흐르는지도 모르고 일어나 달렸습니다. 부끄러운 것도 모르고 뛰었습니다. 결과는 뻔한데 등수 붙여주는 누나가 대견하다 생각 했는지 3등 자리에 세워주어 공책을 받았습니다.

이름도 얼굴도 기억나지 않는 누나는 어디서 행복하게 살고 있을까? 사다리 통과 달리기를 하고 청군 백군 오자미 던져 박 터뜨리기 시합은 운동회에서 꼭 기억이 됩니다.

흰색 박과 청색 박을 향하여 수많은 오자미가 하늘로 갔다 떨어지고 어떤 것은 박을 맞추고 박이 터지면 오색 종이가 햇빛과 바람을 타고 반짝이며 떨어지는 것이 불꽃놀이 떨어지는 것과 같습니다. 그리고 큰 글자가 박에서 펄럭이면서 나옵니다.

점심시간을 알립니다. 나무 그늘에서 기다리시는 조부모님과 점심을 무엇을 먹었는지 정말 맛있는 시간 이었습니다. 오후에는 누나 형들의 곤봉 돌리는 시간 너무 멋있게 보였습니다. 또 청백 기마전 시합, 앞 사람 양 어께에 한 사람씩 팔을 넣어 깍지 끼고 그 위에 한 사람이 타서 운동장 양편에 일자진형으로 서 있다 호각이 불면 “와!~”하는 함성을 지르면서 서로 상대방 진영을 향하여 진격 합니다. 마치 삼국지에서 보는 전쟁과도 같습니다. 수만의 기마병들과 궁수, 창 검 병들의 수십만 대 혈전은 보는 이들로 하여금 말로 형언 할 수 없습니다.

제갈공명이나 사마의가 되어 지시를 하고 싶어집니다. 전쟁에 동원되어 희생당하는 개인의 숭고한 삶은 없어졌습니다. 전쟁을 일으키는 사람 때문에 동원되어 희생되고 그것을 막기 위해 동원되어 희생되고 땅을 차지하려고 땅을 지키려고 많은 사람들의 생명과 삶이 희생 되었습니다. 청백 기마전에서 타고 있는 상대방 모자를 뺏으면 이기는 겁니다. 엉키고 설킨 속에서 먼지는 나고 그렇게 해서 이기면 만세 삼창을 합니다. 청백 계주가 끝나면 가을 운동회는 막을 내립니다. 온 마을 축제는 추억이 되었습니다.

고향 마을 입구 지불놀이 하던 동산을 돌아 들어가면 마을 정면 언덕에 어릴 때 종치던 교회가 보입니다. 그리고 지금은 없어진 다리 밑 도로를 지나자마자 교회 아래 정자를 보았습니다. 그때는 잘 지어진 집으로 실내가 굉장히 시원하여 누워 자기도 하고 연못 구경과 꽃구경을 했는데 세월이 흐른 요즘의 모습이 초라하기만 합니다.

개울을 건너 공동산소에 갔습니다. 증조부모 산소가 있는 곳입니다. 안동 김씨 가문에 최초로 예수님을 믿기 시작한 분입니다.

다시 이동하여 고조부모와 여러 상부가 있는 곳으로가 사촌 형님들 친척들과 함께 벌초를 하고 준비해온 점심을 먹었습니다.

마을 논들도 거의 다 사과 과수원으로 변하고 집들도 펜션처럼 잘 지어 살고 있습니다. 시루봉 산은 그 때나 지금도 높아 보입니다. 언제 저 산에 올라 평화롭고 아늑한 고향 마을을 보고 싶어집니다. 아제께 여쭈어 보았습니다. 그런데 올라가는 길이 없다고 합니다. 아직 등산객들의 발길이 없는 청정 산 인가 봅니다. 산세가 듬직하고 무게가 있어 보이고 숲도 울창하여 보기만 하여도 흐뭇한 산입니다. 맞은편 옥돌봉 남쪽 문수산 그리고 그 앞으로 작은 산들이 겹겹히 고향 마을을 감싸고 있습니다.

마래이 마을 쪽에는 국내에서 제일 큰 수목원이 만들어지고 있어 공사가 한창입니다. 옥돌봉 쪽 산 아래 우리 논과 밭이 있었습니다.

어릴 때 지게에 풀 밴 것 지고 집으로 온 것과 뽕나무 열매 '오디'를 따 먹고 잎을 따 집으로 와 누에에게 준 기억이 납니다.

방안에 층층이 누에들이 꿈틀꿈틀 거리며 뽕잎을 사각사각 먹는 소리가 납니다. 누에에서 실을 뽑아내는 것도 어렴풋이 생각이 납니다. 어떤 때는 방안 가득히 고추를 말리기도 하였습니다. 또 어떤 때는 방안에 메주를 뜸드리기도 하였습니다. 방은 잠자리도 되고 주방도 되고 휴식 공간도 되고 건조실도 되고 다용도입니다. 아제 집으로 내려갔습니다. 부산 간고등어를 드렸습니다.

뜨끈뜨끈한 옥수수도 먹고, 사과도 먹고, 사과를 선물 받고 이제 부산으로 출발합니다. 고향 모습이 점점 작아 보입니다.

예인회

은혜와 행복을 공유한 예인회

2014년 3월 29일 토요일 비

예인회 정기모임을 김해 상동면 대감리에 있는 광명테크에서 모이기로 하였습니다. 저녁 6시 30분 비는 점점 우산의 고마움을 알려 주고 있습니다. 손준현, 안태희 집사님 부부 차에 아내와 나는 탔습니다. 한국건강관리협회 앞에서 출발하여 만덕을 지나자 차량들이 줄줄이 서행을 하고 있습니다. 빗방울은 창문 밖의 풍경을 희미하게 보이게 하고 있습니다. 우리가 이렇게 알고 지낸지도 30년이 넘었습니다. 침례교 부산 청년연합회에서 함께 활동했던 때가 엊그제 같습니다.

1984년 기독교한국침례회 동부산청년연합회 회장으로 봉사하면서 부산시 부활절 연합행사 안내지원(구덕야구장) 연합체육대회(84.5.8.서면 부전국민학교 14교회 11종목 500명) 제1회 어린이 성경암송대회(84.7.16.영안침례교회.16교회 200명) 제1회 해변축제(84.8.14.해운대 백사장 16교회 150-160명) 기독교100주년 부산

선교연합대회 안내지원, 청년집회(84.9.22.영안침례교회 150명) 찬양의 밤(84.10.23.동래제일침례교회 14교회 120명) 정기총회 등 지금 생각하면 모든 것이 하나님의 은혜였습니다. 해운대 백사장에서의 해변축제 때는 14일 밤 9시부터 15일 새벽 4시까지 구국기도회와 부산 복음화, 찬양대회, 단막극 등을 하였습니다. 경찰들이 데모 집회인 줄 알고 경계를 서고 많은 사람들이 모여 들었습니다.

관중 속에는 야유를 보내는 사람, 격려를 하는 사람, 구경하는 사람들이 보고 있었지만 우리들은 개의치 않고 순서대로 진지하게 진행 하였습니다. 광복절의 뜻깊은 날을 되새기며 그렇게 밤이 지나고 있었습니다. 밤하늘 별들도 해운대 바다도 함께 하였습니다. 젊은 청년시절이 그립습니다. 그때 함께 했던 사람들이 보고 싶습니다. 지금은 어디서 무엇을 하며 살고 있을까?

오늘 만나는 우리는 그날을 이야기하지만 2014년 5월 25일 오후

5시-9시 해운대 백사장에서 해운대성령집회를 한다고 합니다. 부산성시화운동이 벌써 9년 되었다고 하네요. 가끔 우리는 우리가 30년 전에 시작한 거라며 자축을 하기도 합니다. 그렇게 함께했던 청년들이 이제는 자녀들이 청년이 다 되었습니다. 덕천동을 지나 구포대교를 건너서 우측 강변도로 길을 달리고 있습니다. 이제는 자녀들의 학업과 혼수 이야기가 뒷좌석에 들려옵니다. 강변도로변이 가끔씩 우리를 들썩이게 하였습니다. 또한 돌아가는 타이어는 고인 물을 세차게 밖으로 밀어내었습니다. 지나가던 사람이 있었다면 물벼락 맞고 쌍말을 하였을 겁니다. 창밖의 비는 멈추는 것을 잊었나 봅니다. 차가 비를 흠뻑 맞으며 가는데 내가 젖은 것 같습니다.

대동화명대교 밑을 지나서 가다가 좌회전하여 어느 마을로 접어들었습니다. 잠시 정차. 광명테크 방문 선물로 대형 화장지를 샀습니다. 우리가 달리는 국도 오른쪽으로는 대구부산고속도로에 붉은빛 차량들이 줄줄이 서행하고 있습니다. 원지마을 지나는 동안에도 몇 번의 고인물이 달리는 타이어에 의해 양 옆으로 번지는 모습이 확연히 눈에 보였습니다. 어느 교회 예배당 십자가도 보입니다.

덕산 2교를 지나 덕산소류지가 있는 산길을 달렸습니다. 비 내리는 어두운 밤길은 기분도 좋지 않습니다. 대구부산고속도로 밑을 지나니 낙동강 건너편 물금에 불빛들이 많이 비치고 있습니다. 또 한 번의 고인물을 가르고 차는 달리고 있습니다. 손준현 집사님은 지인이 이 동네에 산다며 길을 잘 알고 있었습니다.

상동IC삼거리를 지나 상동면 사무소 쪽으로 달렸습니다. 빨간 십자가가 보입니다. 이 길로 계속 올라가면 롯데자이언츠 상동 야구장이 있다고 합니다. 드디어 우리는 안전하게 광명테크 공장에 도착하여 주인인 박병삼, 권영임 집사님 부부를 만났습니다. 그리고 먼저 도착한 김우석, 이말순 집사님 부부와 김성대, 윤금옥 집사님 부부와도 인사를 나누었습니다. 저녁 밥상이 마련되어 있었습니다. 박병삼 집사는 조영선, 최민숙 집사님 부부 마중으로 다시 나가고 김우석 집사님이 감사기도를 드렸습니다. 양대밥에 직접 채취한 따끈한 쑥국입니다. 그리고 직접 길러 만든 찬으로 가득 찾습니다. 오가피잎 저림, 파말이, 모구말이, 시금치 무침, 냉이무침, 도토리, 묵, 파무침, 깍두기, 물김치, 계란말이, 마늘, 돌나물 무침, 멸치무침...등으로 밥맛이 어찌 나 맛있는지 밥을 더 달라고 하였습니다. 음식 솜씨에 동업 식당을 하자고 칭찬이 대단합니다. 처녀 때부터 알고 있지만, 권영임 집사님의 부지런하고 음식 요리 잘하는 것 덕분에 웰빙 식사를 하고 있습니다. 한 참 맛있게 먹는 중 나갔던 박 집사님과 조영선, 최민숙 집사님 부부가 도착하였습니다. 반갑게 서로 인사를 나눈 후 함께 식사를 하였습니다.

식사 후 직접 만든 초록빛 쑥떡과 고구마 조청이 나오고 구운 고구마도 나와 또 먹기 시작하였습니다. 오렌지와 고구마 케이크를 먹으며 신앙, 한국교회, 자녀들, 일상생활 등을 서로 이야기 하였습니다. LA로 이민 간 신주호, 김선희 집사님 부부 소식도 알렸습니다. 이번에는 말랑 말랑하고 단 곶감이 나왔습니다. 모두들 오늘

호식에 즐거움이 계속되고 있습니다. 근데 또 생밤을 깎아 내 놓습니다. 입안에서 깨어지는 상쾌한 소리와 씹는 맛이 있습니다. 시간 가는 줄 모르고 있습니다. 예인회 정식 모임은 2000년부터 시작되었습니다. 자녀들도 신신예, 신예지, 김다윤, 김우빈, 조경건, 조성건, 박미지, 박요세, 박혜지, 김은비, 김진현, 김진서, 손진호, 손수연, 김소연, 김성일, 김수연 가족이 늘었습니다. 예인회에서 후원한 곳은 김진수 집사님, 외국인 근로자의 집, 복된교회, 언약침례교회, 참빛교회, 한국십대선교회, 정관신도시교회, 석포제일교회, 김성준 선교사, 최길숙 자매 였습니다. 적은 우리의 섬김이 오래 지속됨에 감사하였습니다. 현재는 대전반석중국인교회를 후원하고 있습니다. 도움이 필요한 곳에 디딤돌이 되어주고 갈증을 조금 이나마 해소해 준다면 참 보람 있는 기쁨이라 생각하였습니다.

따뜻한 사랑의 손길은 춥고 언 마음을 훈훈하게 하고 살아갈 소망을 준다고 생각 합니다.

예인회의 걸음이 가는 곳에 하나님의 사랑이 있기를 기도해 봅니다. 그리고 가정마다 사랑의 샘이 마르지 않고 퍼 줄 수 있기를 또한 기도해봅니다. 우리는 대화를 잠시 멈추고 미자립 교회 방문 봉사 논의와 기도하는 시간을 가졌습니다. 마무리 기도는 김성대 집사님이 드렸습니다. 공장 내부로 나와 함께 견학을 하였습니다. 자동차 삼각대 금형을 설명 듣고 그 앞에서 단체 기념사진도 찍었습니다. 공장 실내 이곳저곳을 둘러보았습니다. 창고 한쪽 문을 연 곳은 장척계곡이 바로 있다고 보여 주었습니다. 앞 동 건물로 이동하여 공장 내부를 둘러보며 자동차 생산 부품을 설명 들었습니다. 여 집사님들은 요가복 한 벌씩 선물 받았다며 기뻐 웃고 있습니다. 이제 헤어질 시간입니다. 비는 계속 내리고 있습니다. 서로 작별의 악수를 나누고 귀가를 하였습니다. 오늘도 하나님의 은혜로 행복을 함께 공유하였습니다.

소백산

- 천성산 제2봉
- 봉화봉,늪재봉
- 안목섬 서도
- 대운산
- 소백산

천성산 제2봉 (855m 양산)

경남 양산시 동부 웅상지역과 서부 상북면 경계에 있는 산
시에서 922m 원효산을 천성산 제1봉, 855m천성산을 제2봉으로 지정
예전에 동국여지승람, 세종실록지리지, 대동지지에서는 모두 원적산으로 칭함

떡갈나뭇잎 돛단배 타고 유람

2017년 5월 6일 토요일 맑음

빛이 있어서 아름다움을 볼 수 있습니다. 빛이 없으면 눈이 있어도 아무것도 보이질 않습니다. 장엄한 일출과 밤하늘 반짝이는 별과 은하수 그리고 에메랄드빛 맑은 바다와 황홀한 장관의 저녁놀도 빛이 있어서 볼 수 있습니다.

신록의 산봉우리와 보석처럼 눈부신 눈꽃과 하얀 설산도 빛이 있어서 봅니다. 굽이굽이 흐르는 물안개 피는 강물과 잔잔한 시냇물도 볼 수 있고 아름다운 꽃들과 곤충의 무늬도 빛이 있어서 볼 수 있습니다.

바다 속의 산호초와 진기한 어류도 빛이 있어 볼 수 있구요. 사랑하는 사람의 웃는 얼굴도 빛이 있어 볼 수 있습니다.

빛은 실로 아름다운 것입니다. 이 빛을 만드신 하나님, 하나님은 영원한 빛이십니다. 빛이 투과하지 못하는 깊은 심해에는 스스로 빛을 발광하는 생명체들을 만들어 놓으셨습니다. 내 존재는 그 빛

을 입어 사는 존재입니다.

오늘은 이 빛을 따라 천성산의 아름다움을 볼까 합니다.

두실역 8번 출구로 나와 오전 9시 42분 1002번 버스에 9명이 함께 타고 천성산으로 갑니다. 버스 창밖은 황사 현상으로 안개 낀 풍경이 지나갑니다. 하늘은 백지입니다.

오늘은 어떤 구름의 풍경이 그려질까?

천성리버타운 정류장에서 모두 하차하여 3대의 택시로 나누어 타고 영산대학교로 올라갑니다. 벚나무 가로수를 지나 영산대학교에 도착합니다. 잔돈을 지갑에 넣으려고 하는데 지갑이 없습니다.

"분명히 여기 있었는데…"

택시는 쏜살같이 사라지고 정신이 혼비백산하여 머릿속이 하얗게 됩니다.

마음보다 발이 더 급하게 택시 탔던 곳으로 무작정 달리기 시작

합니다. 손은 빈주머니로 혹시나 하며 아래로 위로 들락날락 확인합니다.

강영석 집사님은 본인 지갑을 잃은 심정으로 지나가는 차를 세우느라 바쁘게 움직입니다.

오토바이 타고 올라오는 외국인 젊은이에게 사정을 이야기하며 오토바이를 좀 태워 달라고 하지만 소통이 안 되고 둘이 타기에는 위험하여 서창에 사는 지인에게 SOS를 날렸습니다. 허나 출타중이라 어쩔수 없이 그냥 내려가는데 폰이 울립니다.

"집사님 지갑 찾았습니다. 소주동 파출소로 가서 찾으면 됩니다." 라는 박찬익 장로님의 목소리에 어찌나 반가운지 칠흑 같았던 대낮에 게릴라성 폭우가 옆으로 지나고 찬란한 햇빛이 내리는 기분이었습니다.

내려오면서 강 집사님이 부른 콜택시를 타고 소주동 파출소에 도착해 안으로 들어가자 지갑을 흘린 택시가 이리로 오는 중이라 좀 기다리라고 합니다. 그런데 어! 이번에는 강 집사님 폰이 없어 졌다며 방금 타고 온 택시에 그만 놓고 내렸다 합니다.

두 대의 택시가 도착하고서야 놓았던 정신이 돌아와 웃음이 터집니다.

지갑 택시 기사는 자기 개인택시 번호를 어떻게 알았는지 신기하다며 자꾸 물어 옵니다.

"집사님 10시까지 올 수 있죠?"

"예 올라가고 있습니다." 먼저 도착해 있었던 박찬익 장로님이 순간적으로 택시 번호를 외워서 해결이 되었습니다.

"나는 지갑 잃으면 우리 마누라 얼굴이 눈앞에 왔다 갔다 합니다." 모 집사님의 말에 한바탕 박장대소 하고 산행을 시작합니다.

오전 9시 58분. 영산대학교 왼쪽 언덕 울창한 숲속으로 들어갑니다. 하늘을 가리는 활엽수, 침엽수 신록의 숲속을 유영하며 우리는 천천히 걷습니다. 어제 비가 온 후라 나뭇잎도 초록빛 싱싱한 윤기가 흐르고 땅도 먼지 나지 않아 좋습니다.

산책처럼 평안한 길입니다. 쉬면서 또 함 웃고 피톤치드 향에 취해 바람길을 걸으며 삼림욕을 합니다. 심신에 평온함이 가득합니다. 이 바람의 길이는 어떠한가? 어디서 와 어디로 가는지...

평상임도에 도착 베낭을 풀고 휴식을 하며 함께 간식을 먹습니다. 여기서 천성산 제 2봉까지는 3km 정족산 4.4km 입니다.

오전 10시 48분

화사하고 순결한 연분홍 철쭉꽃이 내마음을 흠뻑

폭신 폭신한 솔잎 길을 밟으니 발 걸음이 가볍습니다. 떡갈나뭇잎이 춤추고 단풍잎이 초록 별이 되어 반짝입니다.

오르막 길을 쉬엄쉬엄 올라 능선을 타자 곳곳에 화사한 연분홍 철쭉꽃이 활짝 피었습니다. 곱디고운 자태를 폰에 담습니다. 볼수록 깊은 매력에 빠져들게 하는 꽃입니다.

좀 쉬었다 갑시다. 간식을 먹으며 울란바토르 소녀의 선창으로 어린이날 노래를 함께 부릅니다.

'날아라 새들아 푸른하늘을 달려라 냇물아 푸른벌판을 오월은 푸르구나 우리들은 자란다 오늘은 어린이날 우리들 세상'

일주일이 빨리 지나갑니다. 교회에 오는 것이 즐겁다는 강집사님 "교회에 오면 잠이 잘 와요 자고 나면 심신이 개운한 게 좋습니다." 유머에 모두 박장대소합니다.

가다가 다음에는 현충일 노래 합니다.

'겨레와 나라 위해 목숨을 바치니~~~'

초록빛 터널에 마음이 초록빛 바다가 됩니다.

나뭇잎으로 돛단배를 만들어 타고 천성산 깊숙이 들어갑니다.

양쪽으로 피어있는 철쭉꽃들이 그냥 지나가지 말라며 손을 잡습니다. 가을 낙엽과 봄이 공존하는 길이 끝나자 데크계단이 하늘을 향하고 있습니다.

허벅지에 힘이 들어갑니다. 한 계단 한 계단 오르자 칼바위 능선에 초록색 산마루가 파노라마처럼 펼쳐져 있습니다. 앞쪽 제2봉 정상에는 우리 일행이 인증샷을 찍고 있네요 하늘에는 구름 그림이 피어나고 칼바위 정상에서는 독수리가 되어 비행을 합니다.

구름 따라 어디까지 날아갈 수 있을까?

"빨리 오이소", "예 갑니다"

제2봉 정상에서 기념사진을 남깁니다.

"아이씨~께~끼", "아이씨~세~끼"

아주머니의 특이한 목소리가 모두에게 웃음을 줍니다. "함 크게 해 보세요" 역시나 입니다.

"잘 먹고 갑니다."

철쭉군락지로 가다 떡갈 나뭇잎 그늘 아래 둘러앉아 박찬익 장로님 감사 기도 후 맛있게 점심을 먹습니다.

신록의 계절은 산이 무척이나 포동포동 살이 쪄 보입니다. 숲길을 오르내려 임도를 따라 내려가 철쭉꽃 무리에서 진분홍 철쭉꽃에 취해 얼굴이 볼그레 집니다. 단체 기념사진을 저장합니다.

"해 떨어지기 전에 가입시다."

은수고개 방향으로 흥얼거리며 올라갑니다. 오르락 내리락 길옆 분홍색 철쭉꽃이 오월은 자기들 산이라 노래합니다.

가을 억새와 철쭉이 어우러진 대평원에서 가슴을 활짝 열고 블랙이글이 되어 높이 날아 봅니다. 가을이 되면 은빛 억새 물결로 장관이 될 풍경도 상상해 봅니다. 소나무 그늘 아래서 시원한 사과를 먹으며 휴식을 합니다.

길 떠나는 나그네가 되어 지뢰 매설 지역을 통과 합니다. 해는 뉘엿 뉘엿 긴 그림자를 만들어 주고 새순의 풀도 나뭇잎 그림자가 덮어 가고 있습니다.

원효암 주차장을 지나 무지개 폭포 방향으로 신나게 내려갑니다.

초록 색감의 대나무 숲을 나오자 내리막길 입니다. 마음도 늘 푸른 대나무처럼 되고 싶어집니다. 대나무 숲을 타고 흐르는 바람 소리가 귀에 메아리칩니다.

무지개 폭포3 이정표에서 휴식을 하며 작별을 합니다. 장흥 저수지까지는 1.4 km 무지개 산장 내려오기 전 계곡에서 일행은 시원한 계곡으로 나는 산장으로 내려갑니다.

무지개 산장을 지나 장흥 저수지 방향으로 내려 가는데 맑고 청청한 물소리가 점점 멀어집니다. 약속이 있어서 발걸음이 더욱 빨라집니다.

리딩 김문생 대장

함께한 분 : 김성로 권사, 최광식 집사, 박찬익 장로, 이봉희 집사, 강성숙 권사, 김금순 권사, 이은자 권사, 서향숙 권사, 강영석 집사

영산대학교(양산주남동)–천성산 제2봉–원효암–무지개폭포–장흥저수지

봉화봉483m · 늪재봉559m (양산)

경상남도. 양산. 통도사 남동쪽 봉화산 능선
(통도사를 내려다보며...)

복주머니 진분홍 금낭화 피는곳

2017년 3월 18일 토요일 흐림/맑음

오늘은 영롱한 진주 이슬 신고 진달래꽃 꽂은 봄처녀를 만나러 늪재봉으로 갑니다.

삼라만상이 겨울잠을 깬다고 하는 경칩도 지나고 해서 포근한 햇살 아래 개구리가 졸고 있을 것만 같습니다.

그리고 담홍색으로 거꾸로 줄줄이 대롱 대롱 피는 금낭화 꽃봉우리는 살며시 올라와 있을지 기대하며 현관문을 열고 나서는데 마당에 하얀 목련꽃이 활짝 피어있습니다.

순백의 꽃잎에 향기 가득합니다. 하늘을 향해 청결하고 고귀하게 피어있습니다. 마음이 청결한 자는 하나님을 볼 것이라 했습니다. 목련꽃처럼 우아하고 향긋한 오늘이 되었으면 좋겠습니다.

오전 9시 로비에서 기다리고 있는데 주차장에서 무슨 일이 있었나 봅니다.

오해와 절차상의 갈등이 찻잔 속의 파도라 생각하고 출발하지만 당사자의 마음은 무겁고 분의 열기가 차분히 내려가질 않습니다.

김문생 대장님 기도 후 우리 일행을 태운 은마는 늪재봉으로 출발합니다.

망망대해 파도를 가르듯 질주하는 봉고 창밖의 온누리는 비발디의 사계 봄의 곡처럼 약동하는 봄의 풍경입니다.

우리의 웃음소리도 곡을 따라 바람을 탑니다.

통도사 영축산문(매표소) 주차장에 하차합니다. 오전 10시 5분.

준비체조 후 영축산문 앞을 지나 양산천으로 내려 갑니다. "자! 자! 이쪽으로 오이소"

천을 건너 산길로 접어들어 산행의 들머리 격인 경주이씨의 재실인(정자) 영모정 앞을 지나서 갑니다.

영모정 마당에는 봄이 되면 제일 먼저 반기는 꽃 노랑 산수유꽃이 피어있습니다.

오늘부터 구례 산수유꽃축제 시작인데 산수유 마을이 온통 노랑꽃으로 상춘객들이 몰려 봄의 정취를 만끽 하겠습니다.

영모정을 지나 산길 옆에는 봄소식을 알리는 봄까치꽃(큰개불알꽃)과 광대풀이 우리를 반갑게 맞이합니다.

쑥이 파릇하니 돋고 풀내음 맡으며 산속으로 들어갑니다.

폭신폭신한 황토길을 걸어 오르며 바위에 올라서니 연두빛 소나무 뒤로 싱싱한 소나무 산마루와 멀리 영축산이 병풍처럼 펼쳐져 있습니다. 푸르른 산을 보니 가슴이 활짝 펴지며 봄의 생기가 심령으로 들어옵니다.

취서산·영취산

영축산은 (1081m)은 원래 취서산이라 불렀습니다. 산 정상의 바위가 마치 독수리의 부리처럼 생겨 유래한 지명입니다. 또한 영취산이라고도 하는데 신령스런 독수리가 살고 있다는 뜻이죠. 길을 떠나는 나그네처럼 걸음을 옮기면서 진달래꽃 봉우리도 보고 큰 바위를 돌아지나 산책 하듯이 능선길을 걷습니다.

"와!~ 저기 보세요" 모두의 시선이 집중 됩니다. 진달래꽃이 활짝 피었습니다.

화려하진 않지만 어찌 이토록 곱고 이쁠까?

자세히 볼수록 빠져듭니다. 이래서 참꽃인가? 한 아름 가슴에 안고 사랑의 희열을 노래합니다.

솔방울도 만져보기도 하며 평평한 숲길을 걸어 합장바위에 올라서자 영화의 한 장면처럼 거대한 영축산과 아래로 통도사가 내려다보입니다. 죽바우등 오룡산도 영축산과 어깨를 나란히 하고 서 있습니다.

통도사는 신라 646년(선덕여왕 15) 자장율사가 왕명에 따라 창건했습니다.

진신사리와 금란가사가 있어 불보사찰로 한국 3대 사찰의 하나입니다.(해인사 : 법보사찰. 송광사: 승보사찰)

"자 출발 하입시더"

앞서 가는 분이 "이 꽃이 뭐죠?" "산수유와 비슷한데 생강나무 꽃입니다."

신경계에 좋다고 하며, 생강 냄새와 같은 향이 난다는 노란 생강나무꽃도 구경하고 둥근 뿌리나무도 지나 굽은 길을 걸어갑니다. 약간의 오르막길을 넘어가 기이한 층층바위가 있는 곳에서 휴식을 합니다.

진달래꽃 배경 삼아 사진도 찍고 김밥과 과일로 간식을 함께 나누어 먹습니다. 삼단 층층바위 침대로 소나무 숲을 이불 삼아 누워 밤하늘 빛나는 별과 밤이 새도록 이야기하는 밤의 요정은 누군지?

진달래 꽃망울이 손대면 금방이라도 터질 것 같습니다. 조용한 오솔길을 걸어 봉화봉에 도착합니다. 배낭을 내려놓고 좀 쉬어 갑니다. "여기가 무슨 산이죠?" "봉화봉입니다" 토마토 간식을 먹은 후 늪재봉으로 향합니다. 소나무가 빼곡한 숲길을 걷습니다. 소나무 뒤에 숨어도 보이질 않네요. 솔바람이 불어와 시원합니다. 늪재봉 정상에 도착합니다.

12시 46분

노인상 장로님의 감사기도 후 점심을 맛있게 먹습니다. "어!~ 검정 봉지에 김밥이 어디로 갔지? 분명히 여기 있었는데..."

주변을 깨끗하게 정리하고 이제 하산 합니다. 오후 햇살이 그림자를 길게 만들어 줍니다.

그림자가 앞서 갑니다. 그림자가 나를 데려갑니다. 조금 경사진 비탈길을 조심스럽게 내려갑니다. 걸음을 옮길 때마다 팔다리에 힘이 들어가고 어깨가 움츠러들고 땅만 보게 됩니다. 휴!~ 내려오니 자세가 편하게 되고 걸음이 가볍고 빨라집니다.

노루목 설명을 듣고 내려가면서도 노루목인지, 기린목인지, 사슴목인지 하면서 금세 잊어버립니다.

또 다시 내리막길을 내려와 16만 도자대장경판이 보관되어 있는 장경각에 도착합니다.

넓은 공터에서 영축산을 바라보며 단체 기념사진도 남기고 휴식을 한 후 황매화 길로 지나갑니다. 아직 꽃이 피지 않았습니다.

봄볕 쪼이는 장독대 풍경이 있는 서운암 입니다. 큰 절구에서 솟아오르는 냉수를 마시니 속이 다 시원합니다. 아스팔트길 따라 가다가 "아차!.." 금낭화를 본다는게 장독에 빠져 잊어버립니다. 우리가 오기를 학수고대 했을 텐데 되돌아 갈수도 없고...

소나무가 춤추는 숲길

안양암이 산기슭에 앉아 있습니다.

돌덤과 옛 기와 그리고 거목이 인고의 세월을 넘어온 흔적을 보여 줍니다.

나무도 서로 사랑하는지 공중에서 안고 있습니다. 성벽처럼 높은 안양암 돌담을 뒤로하고 통도사 돌담길을 걷습니다.

돌담 사이의 고목들이 천년을 넘은 듯한 모습입니다. 성보박물관도 지나고 인파에 섞여서 걷습니다. 많은 사람들이 걷고 싶은 길 무풍한송로(솔밭길)에 들어갑니다.

적송들이 아치형으로 뻗어진 걷기 편안한 길입니다. 바람이 불어서 서늘한 기운의 솔숲을 걷습니다. 빼곡한 소나무도 춤추는 것 같이 보입니다. 봄볕에 녹아내린 계곡물 소리도 경쾌하구요.

그런데 통도사 경내 영각 오른쪽 수령 350년의 자장매(홍매화)와 일주문 들어서면 만첩 홍매와 분홍매는 못보고 갑니다.

눈 감고 매화 한 폭 그려 봅니다.

오후 햇살이 따뜻한 무풍한송로를 나와 출발하였던 통도사 영축산문 주차장에 도착 합니다. 오후 3시 22분.

오전에 마음 편치 못했던 일을 서로 화해했다는 말씀에 모두 기쁨과 감사의 환호가 메아리칩니다.

화해가 이해와 사랑을 안겨줍니다.

이제 평온한 마음으로 부산으로 달립니다.

김봉용 집사님 병문안하며 서로 위로와 감사를 나누고 산행을 종료합니다.

목련꽃이 밤하늘에 더욱 순백의 빛이 납니다.

오늘 밤 꿈속에서는 하얀 목련꽃 향기를 타고 밤 하늘 빛난 별과 오리온을 걸어야겠습니다.

산행 리딩해 주신 김문생 대장, 운전해 주신 노인상 장로, 함께해 주신 김성로, 김정희, 이은자, 강성숙, 서향숙, 김영신 권사

통도사영축산문–양산천–영모정–합장바위–봉화봉–늪재봉–장경각–서운암–안양암–통도사–통도사영축산문

안목섬, 저도 (경남)

안목섬, 경상남도 창원시 마산합포구 구산면 구복리
저도, 경상남도 창원시 마산합포구 구산면

바다 안의 섬, 엄마 품안의 섬

2014년 3월 8일 토요일 맑음

가장 먼저 봄소식을 전한다는 노란색의 산수유꽃과 하아얀 매화꽃이 피는 춘삼월 입니다.

3남전도회 친목을 하고자 안목섬으로 함께 가기로 하였습니다. 오전 9시 교회 주차장에서 부부동반으로 만난 우리는 봉고차에 함께 승차를 하였습니다. 오늘 3남 코이노니아를 하나님의 은혜 가운데 잘 할 수 있도록 김영 회장님이 기도를 드렸습니다. 서정석 서기님이 운전을 합니다. 듬직합니다. 마음 풀고 눈 감고 잠자도 되겠습니다.

우리가 한솥밥 먹은 지도 어언 이십 년이 넘었습니다. 세월이 유수입니다. 빨강 모자 중앙에 흰 닭 한 마리 자수가 박힌 모자에 검은 선글라스와 노랑색 상의로 유난히 관심을 받는 김재걸 회원님 멋있습니다. 분홍색 보자기에 찰밥도 준비하셨습니다. 봉고차는 맘덕을 넘어 낙동강을 건넜습니다. 남해 고속도로를 달리는 창밖의 김해평야는 이제 공장들로 가득합니다. 아직 많은 대지는 머지 않아 벼 모종으로 연두색 평야로 변하게 될 것 같습니다. 장유를 지나고 있습니다. 도로 옆 산 쪽의 나뭇가지에는 새집들이 보이네요. 새들은 손도 없는데 저렇게 견고하게 잘 지어 비바람도 눈에도 안전한 곳이니 참 신기합니다. 긴 불모터널를 빠져 나온 봉고차는 마창대교를 향하고 있습니다. 이런저런 이야기로 차 안에서 웃음소리가 점점 커졌습니다. 마창대교를 건너며 우측을 보니 바다에 돝섬이 떠 있네요. 나중에 배 타고 들어간다고 회장님이 알려 줍니다. 마산 앞 바다를 보면서 이은상 시인의 '가고파' 시가 생각 납니다.(내 고향 남쪽 바다 그 파란물 눈에 보이네 꿈엔들 잊으리요. 그 잔잔한 고향바다 지금도 그 물새들 날으리 가고파라 가고파 어릴제 같이 놀던 그 동무들 그리워라 어디 간들 잊으리요. 그 뛰놀던 고향 동무 오늘은 다 무얼 하는고. 보고파라 보고파... 그 물새 그 동무들 고향에 다 있는데 나는 왜 어이타가 떠나 살게 되었는고. 온갖 것 다 뿌리치고 돌아갈까 돌아가 가서 한데 얼려 옛날 같이 살고지고 내 마음 색동옷 입혀 웃고웃고 지내고져 그날 그 눈물 없던 때를 찾아가자 찾아가.) 이제는 가포바다는 메워져 도로 건물 항만이 되었습니다. 바로 마창대교 우측 앞입니다. 마산현동보금자리개발 예정지구를 지나서 창원시환경시설사업소를 뒤로 하면서 구산면에 도착한 우리는 구산 낚시점에서 줄낚시와 미끼를 구입 하였습니다. 수정교회를 돌아 산길로 달려 해안도로를 만났습니다. 근거리 바다 건너편에는 이색적인 건물들이 보였습니다. 구복예술촌 구복마을 52-14 구복횟집 앞에 도착하여 점심 예약를 하고 김영 회장님이 지인을 통해 마련해 놓은 안목섬 수상집으로 가서 짐을 풀었습니다. 남자들은 낚시를 하기 시작하고 여자들은 굴따러 이동 하였습니다. 옆 자라섬 앞에는 쇠섬이 있고 그 사이 바다에는 굴 양식이 한창이었습니다. 앗! 그런데 김재걸 회원님 벌써 큰 노래미 한 마리 낚았습니다. 모두들 와!!! 펄떡이는 노래미 구경하러 몰려 들었습니다. 역시 낚시 프로입니다. 여기 저기 줄낚시 손맛을 기다립니다. 조그만 배가 지나가자 파도 물결로 이쪽이 출렁 입니다. 자라섬 쪽에는 애기굴 채취로 여념이 없네요. 줄낚시를 난간에 매여 놓고 가 보기로 했습니다. 바위틈에 조그만 굴이 엄청 붙어 있습니다. 짭짤한 것이 맛이 있습니다. 바닥이 세밀히 보일 정도로 물이 아주 깨끗하였습니다. 모래를 세어 볼까요?

저 앞의 구복마을이 평온하게 보입니다. 햇빛이 내려와 바다에 별들을 쏟아 놓았습니다. 한참 동안 반짝이는 수많은 별들이 출렁이는 바다와 놀이를 하는 것을 바라보았습니다. 수상집 오는 길목에 눈 하얀 매화꽃도 피어 여자분들 발걸음을 멈추게 하기도 하네요. 굴 따랴 낚시하랴 시간을 잊어버렸습니다.

점심이 다 되었습니다. 구복횟집 앞에서 단체 기념사진 저장. 모두 식당 안으로 들어가고 나는 배은수 회원님 부부를 기다렸습니다. 마침 저기 오네요. 자연산 생선회가 각 테이블에 푸짐하게 놓였습니다. 식당 아주머니 마음 씀씀이가 넉넉합니다. 식당 생활 30년에 골병이 다 들었다고 합니다. 식당일이 힘든가 봅니다. 모두 맛있게 먹습니다.

매운탕 맛도 시원하네요. 나이를 먹으면 뜨거운 것도 시원하다고 합니다. 식사 후 김영 회장님, 배은수 회원님은 김재걸 회원님 낚시하는 수상집으로, 우리는 연륙교와 저도의 비치로드를 걷기로 하였습니다. 구복예술촌 삼거리에서 좌회전 하는데 아주머니 한 분이 손듭니다. 차에 태워 드렸더니 아무도 안 태워 주는데 교회 다니는 우리들이 태워 주어서 정말 고맙다고 하였습니다.

하나님 조그만 착한 일을 했습니다. 다 하나님의 은혜입니다.(이같이 너희 빛이 사람 앞에 비치게 하여 그들로 너희 착한 행실을 보고 하늘에 계신 너희 아버지께 영광을 돌리게 하라) 연륙교를 건너 저도 주차장에 내려 제1전망대 제2전망대 주차장으로 오는 3.7km의 비치로드를 걷기로 하였습니다. 소나무숲길로 들어섰습니다. 바다 내음과 솔잎 향기가 함께 다가와 심신을 새롭게 해 줍

니다. 바닷물 가까이 걸어 봅니다. 바닷물이 어찌나 맑고 깨끗한지 산도 하늘도 담고 있습니다. 우리의 걷는 모습도 스캐너 하네요. 1전망대에서 섬들 사이의 잔잔한 푸른 바다를 관망해 봅니다. 비치로드의 소나무들도 호수 같은 잔잔한 바다를 보고 있습니다. 우리들은 자녀에 대한 이야기를 많이 했습니다. 2전망대는 나무 계단으로 내려가 있네요.

바다를 보면서 잠시 휴식 합니다 저 앞 바다 넘어 거제도 삼성중공업도 보입니다. 오르막길을 걸었습니다. 나무들 사이로 애기 진달래가 얼굴을 내밀고 있었습니다. 몇일 후면 활짝 웃을 것 같습니다. 갈림길에서 아이스케끼 하나씩 물고 하산 하였습니다. 용두산(202m) 정상은 못 올랐습니다. 주차장에서 이동하여 주황색 철교 저도 연륙교를 걸었습니다. 난간에는 사랑의 자물쇠가 많이 걸려 있습니다. 열쇠 저 바다 속에 황산의 자물쇠 열쇠는 낭떠러지 숲속에 섬들과 바다의 비경이 보입니다. 이런 글귀도 있네요. "배그리~

술좀 그만 먹어~ 이뻐해 줄께! 2013.12.26." 우리 배그리는 아닙니다. 이 배그리는 애주가인가? 추운날 왔다 갔네요. 새로 세운 흰색 저도 연륙교를 다시 건너 차를 타고 낚시하던 수상집으로 돌아왔습니다. 식당 주인아저씨가 배를 태워 주신다고 하셨습니다.

시동을 걸고 핸들을 잡으셨습니다. 하얀 물보라 길을 남기며 바다 위를 달렸습니다. 모두 어린이처럼 신이 났습니다. 머리카락이 날리고 기분이 만땅입니다. 영화 같은 이 장면들도 남겨야 되겠지요. 굴 양식 부표위에는 물새들도 모두 앉아서 즐거워하는 우리의 모습을 보고 있습니다. 저 앞에 우리가 걸었던 반달 모양의 흰색 저도 연륙교와 주황색 철교 연륙교가 점점 다가옵니다. 다리와 다리 사이 회센타도 보입니다. 배와 배 사이 횟집이란 말로 조금전 웃었던 일도 있었습니다. 수상집에 도착하여 주인아저씨가 준비해 놓은 삶은 뜨끈한 큰 굴을 모두 맛있게 먹고 방으로 들어와 저녁 겸 라면을 끓이는 양동이가 물이 새 소형 솥에 끓여 종이컵에 각자 먹었습니다. 라면은 어느 곳에서 먹든 다들 즐기는 양식입니다. 한용섭 회원님 배 탈 때 바람 많이 맞았는데 많이 드세요.

오늘 결산을 박진우 회계님이 하였습니다.

김영 회장님이 금일봉 찬조하자 어디선가 "당신은 회장 하지 마세요" 라는 말에 모두 웃기도 하였습니다. 짐 정리하고 회장님은 솥마저 깨끗이 씻었습니다. 배은수 회원님 부부와 작별하고 이제 귀갓길입니다.

마산 돝섬은 오늘 갈 수가 없는 것 같네요. 장소를 알선한 회장님 덕분에 3남 코이노니아를 섬에서 즐겁게 보낸 하루였습니다. 대청 휴게소를 지나 장유에 들어서자 1,815원 이라는 휘발유 간판에 불이 들어오네요. 겨울왕국 영화 이야기로 대화가 계속 이어집니다.

대동IC를 거쳐 남양산 쪽으로 해서 부산으로 진입하였습니다. 눈에 익은 간판과 도로 건물이 보입니다. 교회 주차장에 무사히 도착했습니다. 노점상에서 할머니가 파는 굴 봉지를 들고 귀가. 누가 좋아할까요?

함께한 분 : 김영, 임정열, 서정석, 김연옥, 박진우, 신혜경, 김재걸, 노창동, 한용섭, 홍성혜, 은수, 김은희, 이호형, 홍영미

밀려오는 파도소리를 잠재우는 안목섬이 벌써 그리워집니다.

대운산 (경남 양산 742m)

울산광역시 울주군 온양읍 운화리와 경상남도 양산시 웅상읍 명곡리에 걸쳐있는 산, 낙동정맥의 최고봉

자연은 거짓없이 표현하는 아름다움이

2014년 3월 22일 토요일 맑음

분홍색 진달래꽃으로 단장하고 냉이와 달래 향기를 내는 봄 처녀를 만나러 대운산으로 갑니다. 교회 주차장에서 봉고차 출발 하면서 좋은 날씨에 하나님의 은혜 가운데 산행 잘 할 수 있도록 감사기도를 노인상 장로님이 드렸습니다. 봄 처녀 하면 이런 가사의 노래를 부르게 됩니다. (봄처녀 제 오시네 새풀 옷을 입으셨네 하얀 구름 너울 쓰고 진주이슬 신으셨네 꽃다발 가슴에 안고 뉘를 찾아 오시는고. 님 찾아 가는 길에 내 집 앞을 지나가시나 이상도 하오시다 행여 내게 오심인가 미안코 어리석은 양 나가물어 볼까나. 이은상 작사 홍난파 작곡) 봄 처녀의 화사한 모습을 기대해 봅니다 김문생 산행대장님 유인물을 배부하시며 명곡 하와이-대추봉-대운산-불광산-시명산-명곡소류지(저수지)-명곡 하와이 코스로 대운산을 종주하게 된다고 설명 하였습니다. 임기를 지나는 창 밖에는 싱싱한 미나리 밭이 뒤로 물러갑니다. 미나리의 상큼한 향기와 아삭 거리는 질감이 생각납니다. 미나리전도 먹고 싶네요.

땅 갈이 한 논도 보입니다. 줄잡이와 모심는 모습도 그려집니다. 어릴 적 시골 고향서 모심기하고 참이나 콩나물 비빔밥을 큰 나무 아래 빙 둘러 앉아 먹는 정겨운 영상이 저 논에서도 고스란히 보여 집니다. 수양버들 가지로 만든 피리를 불면 그 소리가 새와 물소리 였습니다. 넉넉한 서정석 집사님, 제일 안전한 운전으로 우리는 편안히 명곡 하와이 주차장에 도착 하였습니다. 산행에 앞서 단체기념 한 장. 이제 입산입니다. 솔 잎 향기가 심신을 말끔히 씻어 줍니다. 산을 조금 오르다가 보니 여기저기에 연분홍 진달래꽃이 피어 있었습니다.(봄이 오면 산에 들에 진달래 피네 진달래 피는 곳에 내 마음도 피어 건넛마을 젊은 처녀 꽃 따러 오거든 꽃만 말고 이 마음도 함께 따가주...김동환 작사 김동진 작곡) 노래가 절로 나오네요.

낙엽이 추운 겨울을 견디게 보온 역할 했습니다. 대지도 이제 활짝 웃으라고 언 땅이 녹아 수분을 공급하고 있습니다. 조망바위에 도착하여 모두 잠시 휴식을 하며 귤로 간식을 함께 먹었습니다.

저 아파트 넘어 천성산이 여기를 보고 있습니다. 2013년 5월 11일 토요일 그 때 천성산 철쭉 군락 속에서 꽃에 도취되어 한동안 그 자리에 멈추어 있었습니다. 왼쪽으로는 명곡소류지와 시명산, 불광산이 대운산과 어깨를 나란히 하고 있습니다. 앞으로는 산 넘어 대추봉이 기다리고 있네요. 정원섭, 박영희 집사님 부부와 김금순, 서정숙 권사님 벌써 선두에 가고 있습니다. 나무들도 이제는

추웠던 겨울잠에서 다 일어났습니다. 머지않아서 연두색옷으로 일제히 갈아입을 것입니다. 비발디 사계의 봄 1악장 곡처럼 봄의 향년이 펼쳐질 것입니다. 걸어 오르다 평범하지 않은 소나무를 만났습니다. 나무 가지들이 한 방향으로 뻗어 있네요. 바람이 오랫동안 어루만졌나 봅니다. 이리 저리 올라 생명이 멈춘 나무들이 있는 곳에 모였습니다. 누구의 짓으로? 이런 변을 당했는지 그 화마를 피할 수 없는 나무들 안타깝게도 바위에 앉아 모두 휴식을 하였습니다. 바람도 땀 흘린 우리를 아는지 잠시 시원하게 해 주네요. 저 아래로는 우리가 올라온 산봉우리들이 보이고 저쪽 산 겹겹이 뒤에 금정산 고당봉이 눈에 다가 왔습니다. 산들은 언제나 그 자리에서 서로를 보며 이야기를 주거니 받거니 하나 봅니다. 한쪽으로는 공단과 영산대학교도 보이고 북쪽으로는 탑골 저수지도 있습니다.

드디어 638m 대추봉에 도착 하였습니다. 이곳이 험한 골고다라고 생각하고 예수님의 십자가를 생각 하자고 하였습니다.(요19:17) 이제 대운산 정상 방향으로 또 하나의 봉을 넘어야 합니다. 내려가다 중간지점 평지에서 휴식을 하면서 "산행은 1인당 백만원의 효과가 있다." 고 하자 "우리는 부부니까 2백만원 벌었다" 하였습니다 "그러자 10% 드려야 합니다." 하자 "그러면 조금 낮추십시다." 하는 말에 모두들 한 번 웃고 출발 하였습니다. 소방도로 옆 산 길을 따라 걸었습니다. 이제 정상까지는 나무 계단입니다. 계단 양 옆과 온 산에 철쭉 꽃망울이 지휘자의 지휘봉을 주시하고 있습니다. 하나님이 지휘하시면 일제히 분홍색으로 갈아 입고 춤을 출 것입니다.

대운산(742m) 정상에 도착 하였습니다. 정상에서 보는 절경은 가히 정상에 온 사람들에게 주는 감동입니다. 한 곳에 자리를 정하고 둘러앉아 거져온 음식을 박진우 집사님 감사 기도후 함께 먹었습니다. 다양하고 풍성한 음식을 모두 맛있게 먹습니다. 먹는 시간이 참으로 즐겁습니다. 식사후 김문생 집사님이 이용악 님의 그리움 시를 읽었습니다. "눈이 오는가 북쪽엔 함박눈 쏟아져 내리는가 험한 벼랑을 굽이굽이 돌아간 백무선 철길 위에 느릿느릿 밤새워 달리는 화물차의 검은 지붕에 연달린 산과 산 사이 너를 두고 온 작은 마을에도 복된 눈 내리는가. 잉크병 얼어드는 이러한 밤에 어쩌자고 잠을 깨워 그리운 곳 차마 그리운 곳 눈이 오는가. 북쪽엔 함박눈 쏟아져 내리는가"

그리고 강성숙 집사님이 준비해온 윤동주의 서시를 노인상 장로님이 읽었습니다. "죽는 날까지 하늘을 우러러 한 점부끄럼 없기를 잎새에 이는 바람에도 나는 괴로워했다. 별을 노래하는 마음으로 모든 죽어가는 것을 사랑해야지 그리고 나에게 주어지는 길을 걸어가야겠다. 오늘 밤에도 별이 바람에 스치운다."

이외수의 꽃중년 시는 목소리 고운 김금순 권사님이 읽었습니다. "가끔씩 그대 마음 흔들릴 때는 한 그루 나무를 보라 바람부는 날에는 바람부는 쪽으로 흔들리나니 꽃 피는 날이 있다면 어찌 꽃 지는 날이 없으랴 온 세상을 뒤집는 바람에도 흔들리지 않는 뿌리 깊은 밤에도 소망은 하늘로 가지를 뻗어 달빛을 건지더라 더러는 인생에는 겨울이 찾아와 일기장 갈피마다 눈이 내리고 참담한 사랑마저 소식이 두절되더라. 가끔씩 그대 마음 흔들릴 때는 침묵으로 세월의 깊은 강을 건너가는 한 그루 나무를 보라" 모두 다 들은 후 캬아!!! 감탄을 하였습니다 다음산행까지 다 외워 오도록 합시다. 그러면 아무도 안 올 겁니다. 새로 오신 김금순, 서정숙 권사님 인사 후 방 빼주고 이제 하산입니다. 한 참 내리막 길 걷다 다시 구비구비 올라 갑니다.

나무 사이사이 길을 따라내려 가면 산은 점점 솟아 오릅니다.

산마루 오색 무지개를 쫓아가듯이~

다시 오르막길을 걸어 어느 멋진 소나무에서 추억을 담았습니다. 불광산(660m) 정상을 거쳐 내려가는데 또 올라가야 한다네요. 자 자 힘을 냅시다. 조금전 대추봉에서 바라본 산 정상의 소나무 한 그루, 여기가 바로 시명산(675m) 정상입니다. 사송도 기념의 배경이 되는 곳이네요. 다시 내리막길에서 주변 5km까지 산림 감시하는 산불 무인 감시카메라 철탑을 지났습니다.

내려가는 산길에는 낙엽이 수북이 쌓여있었습니다. 봄 속에서 가을 산행을 하는 기분이었습니다. 지난 가을 영축산 산행이 떠오릅니다. 밟은 낙엽은 분쇄되어 바람이 불어 거름으로 밀어 넣을 것입니다. 산 허리 둘레 평길을 가벼이 돌아돌아 걸어갑니다. 앞에 두 분 친구처럼 다정한 모습 아름답습니다. 새로 오신 권사님이시네요.

굽이굽이 길을 따라 또 한 곳의 조망바위에 도착하였습니다. 이곳에 노랑색의 산수유꽃과 비슷한 생강나무 꽃을 보았습니다. 주위를 둘러보니 지금까지 걸어온 산 정상과 능선이 주욱 한눈에 들어왔습니다. 우리가 이렇게 많은.산을 오르내렸는가. 대단하네요.

다시 하산길 산행을 하면서 아프리카 오지에서 선교하시는 선교사님 생활을 들었습니다. 복음전파로, 에이즈 퇴치 운동으로 또 그들의 생활과 의료 등 밤낮으로 일하시는 선교사님 이야기에 하나님의 은혜가 있기를 기도하였습니다. 국토의 평면 위치를 측량하기 위해 국토해양 국토지리정보원에서 설치 관리하는 국가 중요시설인 삼각점에 도착했는데 이곳이 높이 41기 경도 129-10-51 위도 35-23-38 지점 이란 곳을 지나서 어느 진달래꽃 군락지에 도착 하였습니다. 먼저 온 분들은 사진을 찍고 있었습니다. 연분홍 진달래꽃 한 아름 안아서 그리운 사람에게 바람에 실려 보냈습니다. 봄 풀어논 이곳을 말없이 바라봅니다. 또 하산길 이제는 오르지는 않겠죠. 푹신푹신한 소나무 잎을 밟으며 내려가 명곡소류지(저수지)에 도착 하였습니다. 물이 있는 곳에는 햇빛이 내려와 반짝반짝 한참 놀다 가면 밤이면 달빛이 밤새도록 놀다 갑니다. 햇빛이 굴절된 물 아래는 고기들도 따뜻한 봄빛에 놀이를 하고 있네요. 명곡소류지 둘레길을 걸어나와 명곡 하와이 원점에 도착하여 목욕을 하였습니다. 모든 피로가 풀어졌습니다. 아... 잠이 올것 같습니다. 옹지박 보쌈으로 이동하여 식사를 즐겁고 맛있게 함께 하였습니다. 모두들 엄청 땡기는가 봅니다. 추가 주문이 줄줄이 꼬리를 물었습니다. 이제 부산으로 귀가하는 차 안에서는 노아. 12년 노예 이야기. 일상 생활 이야기가 있습니다.

함께한 분 : 노인상 장로, 김문생, 정원섭, 서정석, 박진우, 김정희, 김금순, 서정숙 ,구명옥권사, 강송숙, 박영희, 김연옥 집사.

명곡하와이(힐링온천스포렉스)-대추봉-대운산-불광산-시명산-명곡소류지(저수지)-명곡하와이(힐링온천스포렉스)

소백산 (경북.영주) 비로봉 1439.5m

경북 영주시, 봉화군, 충북 단양군에 걸쳐 있는 산
태백산에서 남서쪽으로 뻗은 소백산맥 중의산으로 비로봉 1,439.5. 국망봉 1,420.8. 제1연화봉 1,394. 연화봉1,383. 제2연화봉1,357. 신성봉 1,389. 형제봉1,177.묘적봉1,148 등 많은 봉우리로 이어져 있으며 죽령과 제2연화봉 산기슭에 국내 최대의 우주 관측소인 국립천문대가 있다.

2014년 5월 24일 토요일 맑음

"안녕하신껴" "밥 잡샀느껴" "우리 참~오랜만시더" "참 좋우이더" "이게 얼마만니껴" "잘 지네니껴" "옛 모습 고대로시더" "참 좋우이더" "머 한다고 그리 바빴는지 서로 얼굴도 못 보고 지네니더" "우리 인제는 자주 좀 보시더 이레 보니 얼마나 좋우이껴 안글리껴" "안녕하신껴 이레보니 얼마나 좋우이껴안녕하신껴" "어른들 편안하신껴 아들도 많이 커께니더 언제 같이 함 보시더 참좋우이더" 영주 안동 인사말입니다.

오늘 철쭉꽃 왕국에 초대되어 영주 소백산으로 갑니다. 철쭉꽃 향연이 어떻게 펼쳐져 있을지 사뭇 기대가 됩니다. 아마 개울가 바위틈 철쭉꽃으로 온 산이 화사한 연분홍색의 자태를 뽐내고 있을것 같습니다. 데이몬님이 제일 먼저 와 있습니다. 부산토요일산악회를 무척 사랑하시죠. 서면 로타리에는 6.4 지방선거 현수막이 많이들 걸려 있습니다. 오전 7시 서면을 출발하여 강서구청에서 합승하여

32명이 소백산 철쭉왕국으로 갑니다. 제200차 정기산행 기념으로 북극성 산행대장님이 비타500 찬조와 분홍색 하트모양이 있는 떡이 나누어지는 훈훈한 정이있습니다. 샛별 총무님 진행으로 redstone님 인사가 있었습니다. 소백산은 천상의 화원으로 칼 바람과 광활한 초원이 눈을 시원하게 한다고 합니다. 북극성 산행 대장님이 오늘 코스를 『희방주차장-연희봉-제1연희봉-비로봉-국망봉-초암사-주차장』으로 19.1km 시간 7시 55분이라고 설명 하였습니다. 오늘 처음 오신분들 인사와 더불어 총무님이 "스트레스는 산에다 다 내려놓고 오는 좋은 산행이 되기를 바란다" 고 하였습니다.

그 와중에도 데이몬님 커피 봉사를 하고 있습니다. 대동을 지나며 창밖을 보니 안개가 산과 마을의 아침을 열고 있습니다. 저 마을에 닭도 해가 중천에 떴다고 소리를 내고 있을 것입니다. 밀양을 지나가는데 들녘이 온통 황토색 물결입니다. 지난번 속리산 갈 때 보았던 연초록 보리가 이제 추수를 기다리고 있습니다. 오늘은 누가? '보리밭 사잇길로 걸어가면 뉘 부르는 소리 있어 나를 멈춘

다.' 를 부르며 걷고 있겠지요. 산악녀님 저 많은 보리를 언제 곡간에 들입니까? 청도 새마을휴게소에서 잠시 쉬었다 다시 출발 하였습니다. 창밖으로는 같은 방향으로 기차가 달리고 있습니다. 기차 질주의 경치가 보기 좋습니다. 기차 안에서도 이쪽 경치를 보며 여행을 하고 있겠지요. 32명을 태운 우리 은하백마의 그림자가 거침없이 질주를 하고 있습니다. 타이의 진동이 자장가가 되어 머리를 숙이고 창에 기대게 하여 잠들게 하고 있습니다. 꿈결에 여포의 적토마를 타고 달리고 있습니다. 계속 달리던 은하백마의 속도가 줄어들자 잠에서들 깨어납니다. 저 앞에 무슨 사고가 난 모양입니다. 대형 사고는 아닌가? 곡식을 적재했던 차 한 대가 중앙분리대를 넘어 반대 도로에 가 서 있습니다. 다행히 인명 피해는 없어 보입니다. 다시 서서히 속도를 가해 철쭉꽃 향연장으로 달렸습니다.

풍기TG를 나와 인삼의 고장 풍기에 들어섰습니다. 죽령로를 따라 올라갔습니다. 논에 물이 다 찬 것을 보니 곧 모심기를 할 모양입니다. 사과 과수원도 보이고 중앙고속도로 다리 위로는 차들도 지나가고 있습니다. 희방제1주차장에 도착하니 다른 산악회 버스들이 많이들 주차해 있습니다. 오늘 많은 사람들이 왔습니다. 송산님 따라 준비 체조를 하고 희방계곡 자연관활로 입산을 시작하였습니다. 선두에 북극성님 중간에 송산님 후미에는 데이몬님이 수고를 하기로 하였습니다. 소백산 신록의 숲과 계곡을 보니 심신이 푸르르게 됩니다. 청살모가 오늘 손님을 안내할 모양입니다. 희방계곡의 노각나무숲을 스파이더맨 처럼 잘도 탑니다. 나무껍질이 비단을 수 놓은 것 같다 하여 금수목이라고 합니다. 6-7월에 흰 꽃이 핀다니 그때 오는 사람들에게도 추억을 남기게 되겠습니다.

희방사 매표소를 지나 소백산의 절경인 영남의 제1폭포로 높이 28m. 해발 700m에 위치한 희방폭포를 향하여 올랐습니다. 고무 계단이 많은 길입니다. 야! 저기 사람들이 폭포를 배경으로 추억을 만들고 있습니다. 하얀 물줄기가 시원합니다. 고무계단을 올라 구름다리 중간에서 내려다보니 참 경치가 좋습니다. 이제 가파른 돌 계단 길을 올라갔습니다.

다리에 점점 힘이 들어갑니다. 뒤를 돌아보니 저 밑이 까마득합니다. 위험한 길이라 길 양옆으로 철 난간이 설치되어 있습니다. 산들에님 빠르네요. 조금만 더 올라가면 될까 싶으면 또 올라가게 되는군요. 저 위에 사람들이 많은걸 보니 이제 다 올랐습니다. 북극성님 먼저 도착하여 방울 토마토를 주어 먹고나니 기운이 솟나납니다. 여기가 희방깔닥재 입니다. 여기서부터 연화봉까지는 1.6Km 다시 출발하였습니다. 오르막길을 올라 평길을 만나고 숲길을 걸었습니다. 얼마나 많이들 지나갔는지 흙길이 가루 길이 다 되었습니다. 4km을 걸어 어느 평지에 쉬면서 활짝핀 철쭉꽃을 만났습니다. 은은한 연분홍꽃 자태가 고아 보였습니다. 나무 계단을 오르자 분홍색 저고리에 연두색 치마 또는 연두색 저고리에 분홍색 치마의 철쭉꽃이 만개한 철쭉꽃 왕국에 입성 하였습니다.

올라가다 뒤를 돌아보니 산 능선이 호랑이 등처럼 보입니다. 산을 탄다는 것이 실감이 납니다. 드디어 연화봉 정상에 도착했습니다. 단양군과 영주시에서 각각 정상비석을 마련해 놓았습니다. 백두산에서 시작하여 지리산까지 이어지는 백두대간의(1,400km) 허리부분 소백산, 천상의 화원연화봉에서 보는 경치가 장관입니다. 저기 기상레이더도 보이고 태양 해맞이 전망대도 있습니다. 연화제1봉과(1,394m) 비로봉(1,439.5m) 국망봉(1,420.8m)이 능선을 따라 솟아 있습니다. 여기서 점심을 먹기로 하였습니다. 워낙 사람들이 많아 마땅한 자리가 없네요. 그늘도 없는 전망대 아래에 정하고 산행대장님, 총무님, 피톤치드님, 그리고 또 음...음식들을 많이들 준비해 와서 맛있게 잘 먹었습니다. 늘바람님 어서 이리로 오세요.

식사후 기념 사진도 남기고 비로봉 가려고 하는데 redstone님, 코발트색바다님, 데이몬님... 이제 도착하네요. 우리 먼저 출발합니다. 돌계단 길을 따라 내려가 다시 오르고 숲속 군데군데에는 삼삼오오 모여 식사를 하고들 있습니다. 철쭉꽃 길 벗어나 연화제1봉으로 올라가는 길이 고무계단 길로 한눈에 들어왔습니다.

왼쪽으로 계속 내려오고 오른쪽으로는 앞 사람 배낭만 보며 따라 올라갑니다. 추월할 수가 없습니다. 저 위 중간에 전망대도 보입니다. 전망대에서 내려다보니 산과 산이 만나 깊은 계곡을 형성하고 산과 산이 겹겹이 서로를 감싸고 있는 비경입니다. 제1연화봉(1,394m)에 도착하였습니다. 연화봉에서 1.8Km 비로봉까지는 2.5km 국망봉까지는 5.6km입니다. 해발 고도 1,300m 이상인 소백산의 아고산지대는 바람이 세고 비나 눈이자주 내린다고 합니다. 그래서 키가 큰 나무가 잘 자랄 수 없는 지대입니다. 겨울이 오면 칼바람으로 유명한 곳이기도 합니다. 소백산에는 고무계단이 많네요. 저 앞 능선길을 따라 비로봉까지 큰 나무는 없습니다. 겨울철이면 하얀 눈을 머리에 이고 있는 것 처럼 보이는 소백산은 티끌 하나 없는 순백의 산입니다. 눈꽃이라 불리는 상고대는 해발 1,000m 이상 되는 지대에 낮은 구름이 산에 걸치면서 지나갈 때 나뭇가지나 바위 등 물체에 수분이 응결되면서 얼어붙는 현상입니다. 바람이 약하게 지나가면 나뭇가지를 하얀 밀가루 덧칠하듯 피어나는 마치 바다의 산호초를 보는 듯합니다. 자 이제 이 능선길 따라 올라갑니다. 많이들 올라가네요. 길 양옆으로는 아고산지대 초지가 광활한 초원을 이루고 있습니다. 비로봉 정상가는 길은 블랙카펫으로 이어져 있어 개선장군처럼 힘차게 걸었습니다. 황제를 알현하러 수많은 계단을 올라가듯이 줄줄이 올라가고 있습니다.

비로봉(1,439.5m) 정상에 올라서자 먼저 온 북극성님이 시원한 것을 줍니다. 정상이 인산인해 입니다. 정상석을 향한 줄이 기다리기에는 시간상 여유가 없습니다. 혜광님이 국망봉 가자는 의사에 북극성님 몸 상태도 좋지않지만 책임감과 정신력으로 함께 가기로 하고 12명이 출발을 하였습니다. 능선 저 넘어 국망봉이 기다리고 있습니다. 기기미묘한 산봉우리들이 산수화를 보게 해 줍니다. 소백산에 얼마나 많이들 왔는지 흙길이 먼지길이 되었습니다. 능선길을 따라가는 곳마다 철쭉꽃이 반기고 있습니다. 조물주님이 지연, 샛별, 가을, 진이님 개인, 단체 사진을 찍어 주었습니다. 산길 도는 중간지점에서 지연님이 가져온 시원한 과일로 잠시 피로도 풀고 야생화

를 보면서 국망봉을 향하여 걸었습니다. 능선 고개를 몇개 넘었을까? 드디어 국망봉(1,420.8m)정상에 도착하였습니다. 신라 왕자인 마의태자가 신라를 왕건으로부터 회복하려다 실패하자 엄동설한에 베옷 한벌만 걸치고 망국의 한을 달래며 개골산으로 가는 길에 이곳에 올라 옛 도읍 경주를 바라보며 하염없이 눈물을 흘렸다고 하여 국망봉이 되었다고 합니다. 조물주님, 지연님, 가을님, 샛별님, 진이님 기념사진. 나는 산골님과 기념을 남겼습니다. 이제 되돌아 삼거리 이정표에서 초암사 4.1km 방향으로 내려갔습니다. 고무계단, 돌계단 길 옆 이곳에도 철쭉꽃이 많이 피어있었습니다.

내려가다 돼지바위를 보았습니다. 엄청 큰 돼지에 호랑이도 도망을 가겠습니다. 시원한 약수가 있어 갈증도 해소하고 숲속 길을 걸었습니다. 낙엽이 있는 가을 길도 걷고 얼마를 걸었는지 다리가 있는 죽계구곡 계곡에서 우리는 잠시 물에 발을 담구었습니다. 얼음처럼 찬 청군이 피로의 황군을 일시에 몰살시켰습니다. 시원합니다. 걸음이 한결 가벼워졌습니다. 초암사까지 내려와 시간을 보니 6시 20분 여기서 주차장까지 걷기에는 많은 시간이 소요될 것 같아 산골님이 현명하게 택시를 불렀습니다. 총무님 먼저 가고 산골님 조물주님, 지연님, 가을님, 진이님과 두당 오천원을 주고 내려와 버스에 탑승 하였습니다. 잔잔한 저수지 송림지를 지나자 점점 날이 저물어 갑니다. 영주시 풍기읍 동부4리에 있는 풍기인삼갈비식당에 들러 갈비탕으로 모두 저녁을 먹으면서 200차 정기산행 축하 케익 행사도 하였습니다. 늘바람님 선창에 모두 건배를 하면서 즐거운 시간을 가졌습니다. 밖으로 나와 커피 한잔에 바람을 쏘이면서 평상에 앉아 산들에님과 이야기를 하였습니다. 8시 넘어 부산으로 출발하면서 처음오신분 소감과 북극성 산행대장님과 샛별 총무님의 마무리 인사에 모두 박수를 보냈습니다. 두분 오늘 정말 수고가 많으셨습니다. 감사합니다. 청도휴게소에서 잠시 쉬고 redstone님, 송산님 두분 전 회장님 찬조로 시원한 아이스크림을 먹었습니다. 감사합니다.

밤 11시 30분. 아침에 출발한 서면에 무사히 도착 하였습니다. 안전 운전해 주신 기사님 감사합니다. 오늘밤에는 빨리 잠들어 꿈속에서 천마(페가수스)를 타고 소백산 20km를 달려가 보아야겠습니다.

황매산

- 남산제일봉
- 정족산
- 가덕도
- 북한산
- 한라산

남산제일봉(경남 합천 1,010m)

**경남 합천군 가야면 치인리에 있는 매화산의 제1봉 1,010m
가야국립공원에서 가장 아름다운 홍류동 계곡을 끼고 있으며 산세가 금강산을 닮아 기암괴석과 날카로운 바위능선 그리고 울창한 상록수림이 있는 산**

기기묘묘하게 솟아난 바위 형제들

2015년 4월 25일 토요일 맑음

하늘을 보니 청명하여 오늘 산행 중 조망이 아주 좋을 것 같습니다. 오전 8시 봉고차 키 수소문하느라 출발 시간이 지연되고 있는 바람에 서창에서 오시는 박찬익 장로님(이봉희) 부부가 도착하고 서야 봉고차 키를 받게 되어 함께 갈 수가 있게 되었습니다.

13명은 봉고차로 4명은 박진우 총무님 차로 오전 8시 26분 교회에서 합천 남산제일봉으로 출발을 합니다. 동심으로 돌아가 소풍가는 기분으로 모두 얼굴에는 웃음꽃이 활짝피고 마음은 벌써 분홍빛 진달래꽃이 핀 연두색 봄 산에 가 있습니다. 만덕을 지나 낙동강을 건너 봉고차는 질주를 합니다.

우리가 살고 있는 세상은 표준과 질서를 위해 기준을 정해두고 살고 있지만 때때로 마음이 높아 인격을 무시하고 소유의 유무로 학식으로 상대적 차별화 하지만 큰 원을 그려보면 모두가 존귀한 가치의 존재라는 이야기와 기술력을 가진 중소기업 활성화로 우리

나라 경제도 청신호가 오고 있다는 긍정적인 이야기며, 텃밭에 씨를 뿌려 놓으면 잡초와 가라지가 잘 자라는 것처럼 우리 마음의 잡초는 왜 그리 잘 자라고 뽑기 어려운지 매일 자신을 돌아보는 성찰이 필요하다는 이야기를 들으며 주는 간식을 먹다보니, 어느새 칠서휴게소에 도착을 합니다.

잠시 내려 휴식을 합니다. 화사한 봄 날씨에 선선한 봄바람 흔히 말하는 코에 바람 쐬러 많이들 움직이고 있습니다. 노인상 장로님이 운전을 합니다. "자! 출발합니다." 산에서 호랑이를 만나도 제압할 수 있는 패기가 철철 넘치는 김문생 산행대장님이 리드 합니다. 굉음을 내며 봉고차는 중부내륙고속도로를 신나게 질주합니다.

때로는 공중에 떳다 앉기도 하구요.

창밖으로 초록색 마늘과 감자밭이 보이고 열심히 일하는 사람들의 모습이 평화로워 보입니다. 하얀 감자꽃이 개화하고 호미로 슥

속 감자를 캐면 줄줄이 크고 작은 알이 모습을 드러냅니다. 감자를 찌면 하얀 분이 나는 타박 감자… 이 감자를 그냥 소금이나 고추장, 된장에 찍어 먹어도 어찌나 맛이 좋은지, 먹고 싶어지네요. 가시연꽃 등 340종의 식물과 62종의 조류 28종의 어류가 서식하고 있다는 우리나라 최대의 내륙 습지 우포늪이 있는 창녕을 지나고 있습니다.

현풍도 지나고 고령에서 88올림픽고속도로를 타며 달리고 있습니다. 도로 확장 공사를 하고 있습니다. 더위에 수고가 많습니다.

창밖으로 비닐하우스가 겹겹이 있고 고령 딸기라는 대형 간판을 보니 오래전 수연이 따라 초등부 교사들과 밀양 딸기밭 체험간 생각이 납니다. 하얀 사각형 스치로폴 박스에 딸기를 따 나오면 되는데 주인 몰래 따먹으면서 담았는데 몰래 따 먹는 것이 왜 그리 맛이 있는지…실컷 먹었습니다. 주인도 알면서 너그럽게 웃어 주데요.

산비탈 작은 마을에 파란 지붕 조그만 예배당도 지나고 해인사 IC 나와 대장경 문화테마파크도 지나고 홍류동계곡 가야천으로 올라가다 왼쪽 근민교 다리를 건너 청량동매표소로 봉고차는 잘도 올라갑니다.

매화산도로를 달려 마을을 통과하여 햇빛에 반짝이는 황산저수지를 지나고 있습니다. 청량동 탐방지원센터 공터에 도착하여 모두 하차를 합니다. 오전 11시. 산행전 준비 체조를 하는데 허리펴고 두 손 땅에 닿기, 왼다리 뒤로 잡고 오른팔 펴기….등 허리에 먼! 소리가 납니다. 문화재 구역 입장료를 지불하고, 시멘트길을 따라 산행을 시작 합니다. 연녹색의 새순 나뭇잎이 바람에 흔들리는 숲길을 걷는 것 만으로도 행복하고 감사합니다.

청량사석에서 단체 기념사진도 찍고 구름한 점 없는 푸른 하늘을 보며 걷습니다.

청량사 입구에 뿌리는 하나인데 열 가지가 있는 소나무가 발걸음을 멈추게 합니다.

납이 물속으로 빠지듯이 걸음이~

사찰 지붕 위로는 기암괴석과 소나무가 잘 조화된 산을 보면서 청량사 좌측 된비알로 오르기 시작합니다. 로터리산악회 사람들도 많이 오르고 있습니다. 점점 산속으로 들어가고 있습니다. 30분 올라 갔을까? 웃옷을 벗고 물을 마시는 사람들이 있습니다.

가파른 오르막 길을 오르는 김진선 집사님 발걸음이 천근만근 입니다. 난생처음 1,010m 산을 도전하고 있으니 하늘이 하얀색입니다. 내려가야 하나 올라가야 하나 머리속은 갈등인데 걸음은 오르고 있습니다.

강영석 집사님 "당신은 할 수 있어" 라며 자신감을 불어 넣고 있습니다 "좀 쉬었다 갑시다" 오렌지, 토마토, 오이로 영양 보충하고 나니 원기회복이 되어 다시 오르막길을 오릅니다. 김진선 집사님 베낭을 대신 메고 함께 올라갑니다. 천천히 나뭇잎이 춤추는 소리를 들으며 올라갑니다. 피로가 또 김진선 집사님 발걸음을 무겁게 돌을 올려놓습니다. "자 물 좀 마시고 갑시다" 과일을 먹으며 쉽니

다. 다시 올라갑니다. 몇 번을 쉬면서 마음에 여유를 가져 봅니다. 파란 하늘이 보이자 강영석 집사님 “다 왔어! 당신 잘하네” 하며 아내에 대한 사랑이 가득합니다. 중턱에 오르자 사람들이 “수고했습니다.” 라며 격려를 해 주네요. 좌측으로 또 오르기 시작합니다. 함께 걸어 올라가 좀 쉬고 있는데 뒤에 오던 로터리산악회 한 사람이 쥐가 나 고통스러워 합니다. 황급히 다가가 등산화를 벗기고 쥐를 풀어주고 근 이완작용, 진통작용 2알을 먹게 하고는 “좀 쉬었다 오라” 고 했습니다. 다시 올라 데크계단을 연거푸 두개를 오르고 나니 분홍빛 진달래꽃이 향연을 배풀어 주고 있습니다. 기암괴석과 산 능선이 펼쳐진 곳에서 사진을 찍어 줍니다. 새순 소나뭇잎이 초록색 윤기가 반지르르 빛나고 있습니다. 산 능선이 아래로 쭉 뻗어 있고 그 넘어로 봄 산능선들이 파도 물결처럼 다가오고 있습니다. 밤이면 북극성이 내려와 저 능선을 탈것 같습니다.

아직도 정상은 멀었나? 암릉구간입니다. 우뚝 솟은 기암괴석 사이로 철계단이 보이고 사람들이 오르고 있습니다. 그리고 그 넘어에 더 높이 솟아오른 곳이 남산제일봉입니다. 저곳도 철계단이 많이 보입니다. 선두로 간 어떤 분은 엉금엉금 올라갔다던데...

한 계단 한 계단 오릅니다. 고진감래라 할까, 오르면 오를수록 아름다운 절경을 볼 수 있습니다. 박하사탕이 입안을 화하게 하듯이 가슴속이 다 후련합니다. 환희의 탄성이 절로 나옵니다. 오르면 내려가야 하는 이치라 내려갈 때는 힘든 것도 잊은 채 가볍게 내려갑니다. 각기 다른 모양의 거대한 바위를 안고 돌아서니 참꽃이 꽃다발을 줍니다.

가위바위보 바위를 지나고 평길을 조금가다 철계단을 만났는데 이곳이 공룡바위인가? 난간을 잡고 강 집사님 내외가 올라갑니다.

또 철계, 푸른하늘을 향해 서로 마주 보고 있는 바위도 지나니 정상이 보입니다. 만개한 진달래꽃도 보면서 오이와 물을 마시며 잠시 휴식을 합니다. 정상쪽에서 우리를 찾는다고 제 이름을 부릅니다. "예..올라가고 있습니다." 김진선 집사님 골인 지점이 가까우니 힘이 솟아 먼져 올라 갑니다. "잠깐 기다려 당신보다 내가 먼져 올라가야지" 강영석 집사님 커플 대화를 합니다. 철계단이 햇빛에 더 커 보입니다. 철계단 여러 개를 차근차근 올라서니 마지막 계단 바위틈 사이로 진달래꽃이 여기저기 피어 환영을 하고 있습니다.

와!~ 드디어 1,010m 남산제일봉 정상에 도착합니다. 오후 1시 23분. 경남 합천 가야면 치인리, 황산리에 있고 매화산 또는 기암괴석들이 불상을 이루는듯한 모습에 천불산으로 불리기도 합니다. 산세가 금강산을 닮아 날카로운 바위 능선과 울창한 상록수림 산입니다.

홍류동계곡은 가야산 국립공원에서 가장 아름다운 계곡으로 농산정 등 신라말 최치원이 지낸 흔적이 곳곳에 있는 산이기도 합니다. 인증사진을 남기고 점심 먹으러 내려갑니다. 치인주차장까지는 3.0km 조금 내려가 먼저 도착한 분들과 함께 모여 산해진미로 맛있게 먹습니다. 식사 후 새로오신 박찬익 장로님 부부, 강영석 집사님 부부, 박영심 집사님 소개를 받고 환영의 박수를 보냅니다. 그리고 강성숙 집사님 반찬의 제왕 탄생 박수도 칩니다. 하산길은 힘든 것 다 잊고 데크길 흙길 잔달래꽃길을 따라 내려오는데 돼지골 물소리가 우리를 끌어당깁니다. 하얀 얼음 알갱이를 뿌리며 쏟아 흘러내리는 물에 발을 담구어 봅니다. 나뭇잎 띄워 보내듯 피로를 보냅니다. 정말 시원하네요. 오후 나무 그림자가 있는 숲길을 돼지골 물소리에 흥을 맞추어 걸어 내려갑니다. 다리도 건너고 솔잎 사이의 푸른 하늘도 보며 쉬엄쉬엄 내려가 대자연의 기가 살아 숨쉬는 관광호텔과 돼지골 탐방 지원센타가 있는 곳에 도착을 합니다. 봉고차 가지러 몇 분이 가고 우리는 해인사 버스 터미널까지 내려와 그늘에 쉬고 있는데 김진선 집사님이 붕어빵 아이스크림을 돌립니다.

마침 더위에 갈증이 났는데 고맙게 잘 먹었습니다. 봉고차와 승용차가 도착하여 이제 부산으로 달립니다. 오후 4시 가야산 국립공원에서 가장 아름답다는 홍류동계곡을 따라 달리는 창밖 계곡은 물소리가 우렁차고 경치도 비경입니다. 계곡 따라 소리길이 조성되어 있고 청춘 남녀가 손잡고 걸어가고 있습니다. 물소리도 점점 가늘게 들리고 산의 모습도 보이질 않습니다. 오후 햇살이 들녘을 비추고 서울로 향하는 KTX도 더 빨리 지나가는 것같습니다. 진영 휴게소에 잠시 쉬고 석양빛을 받은 낙동강은 은빛으로 유유히 흐르고 있습니다. 교회에 무사히 도착하여 귀가합니다.

함께한 분 : 왕복 운전을 하신 노인상 장로, 김문생 산행대장, 덕담을 하신 정원섭 걷기동호회 회장과 최광식 집사, 개인차로 수고하신 박진우 총무(신혜경)부부, 한국정치 말씀하신 구명옥 권사, 김정희 권사, 박영희 집사, 박영심 집사, 이은자 집사, 강성숙 집사, 박찬익 장로(이봉희)부부, 강영석 집사(김진선)부부, 함께 산행해서 좋았습니다.

청량동탐방지원센타–청량사–남산제일봉–돼지골탐방지원센타–치안주차장

정족산 (700.1m)

울산시 웅촌면과 양산시 하북면 사이의 바위산
남쪽으로 천성산 2봉과 천성산(원효산)으로 이어져 주능선을 입체적으로 감상
정상아래 국내에서 가장 오래된 산지습지 가운데 하나인 무제치늪이 있다.
(습지식물 55종, 곤충류 197종, 파충류 5종 등 생태보존지역, 람사르 습지)

2016년 8월 27일 토요일 맑음

하얀 구름 파란 하늘이 보이는 이 가을에는 사랑하는 사람에게 편지를 쓰고 싶습니다. 편지에는 세상에서 가장 아름답고 가치있는 말 "사랑합니다." "고맙습니다." 를 전하고 싶습니다. 사랑은 사람을 성장시키는 원동력이며 생명 현상의 근원입니다.

그리고 빨강 단풍과 노랑 은행잎이 우거진 가을 풍경 속으로 함께 여행을 하고 싶습니다.

오늘은 이 가을의 문을 열고 들어가 정족산으로 갑니다. 높이 700.1m에 솥정 발족의 정족산은 흔히 솥발산이라 부릅니다.

울산광역시 웅촌면과 경남 양산시 하북면 사이의 경계를 이루는 바위산입니다. 정상에 오르면 멀리 동해가 보이며 천성산과 주변의 산세를 감상할 수 있습니다.

오늘 코스는 영산대학교–주남고개–용방위–정족산–대성암–대성골–노전암–한듬계곡–내원사 매표소 입니다.

오전 8시 40분 두실역(지하철) 8번 출구로 나와 버스 정류소에 앉아 달리는 차들과 지나가는 사람들의 일상생활을 구경합니다.

천진난만한 어린 꼬마 소녀가 잠결에 엄마 따라 나와 나를 쳐다봅니다. 참 귀엽네요. 이런 자연스러운 우리의 모습이 평화입니다.

박진우 총무님 배웅을 나와 즐거운 산행을 하라며 인사를 합니다. 정이 철철 넘칩니다.

9시 넘어 모인 회원들과 1002번 버스를 타고 영산대학교로 갑니다. 눈에 익은 풍경들이 지나갑니다. 덕계 해원병원 맞은편 버스 정류소에서 모두 하차하여 57번 버스를 타기로 합니다. 하지만 이런! 57번는 39분 뒤 도착한다는 안내판을 보고 콜택시를 부르기로 합니다.

호산교 아래 회야강에는 낚시하는 사람이 주말을 보내고 있습니다. 진행이 척척 맞아떨어지지 않듯이 사람 사는 일상도 때때로 늦어지기도 합니다. 막간을 이용해 삶은 계란을 나누어 먹습니다. 먼저 온 콜택시로 일행 4명이 출발한 후 얼마 후 4명이 뒤따라 갑니다.

매미의 합창을 들으며~

영산대학교에 내려 삶은 계란을 또 먹고 준비체조 후 김문생 대장님 기도 후 영산대학교 우측길로 해서 산행 들머리가 시작합니다. 오전 10시 13분. 밤나무숲이 있는 아스팔트길 따라 올라 갑니다. 벌써 까칠한 밤송이가 벌어져 걸음을 멈추게 합니다. 그늘진 오솔길을 걷는 심신이 가볍습니다. 솔잎이 깔린 숲길이 푹신푹신

하고 선선한 산바람이 불어옵니다.

수평선 저 멀리서 파도가 계속 밀려와 물 보라를 일으키며 부서지는 시원한 파도처럼 바람은 계속 나뭇잎을 흔들어 파도 소리를 내며 들려옵니다. 너무나 시원하여 팔을 벌리니 온몸이 시원함을 느낍니다.

매미 울음소리도 바람을 타고 더욱 세차게 들려옵니다. 무슨 노래를 부르는 걸까? 한번 들어 볼까요?

"산 위에서 부는 바람 시원한 바람 그 바람은 좋은 바람 고마운 바람 여름에 나무꾼이 나무를 할때 이마에 흐른 땀을 씻어 준대요."

"가을이라 가을바람 솔솔 불어오니 푸른 잎은 붉은 치마 갈아입고서 남쪽나라 찾아가는 제비 불러모아 봄이 오면 다시 오라 부탁하노라."

소나무에 덤성 덤성 솔잎이 무성히 난 곳에서 잠시 휴식을 한 후 숲길을 걷습니다. 바람이 솔솔 따라오고 있습니다.

주남정 정자에 도착해 둘러앉아 간식을 먹으며 휴식을 합니다. 멀리 기장 달음산과 동해가 조망이 됩니다. 여기서 바다를 보다니....

천성산 제2봉 4.2km 한듬계곡 4.4km 이정표에서 우리는 정족산 방향으로 소나무 숲 황토길로 걸어갑니다.

주남고개에서 정족산까지는 3.0km입니다.

바람의 숲에서 바람을 타고 바람처럼 갑니다.

푸른 하늘에 뜬 하얀 구름도 바람을 타며 함께갑니다. 나뭇잎이 춤을 춥니다. 영혼이 찬양을 부릅니다. 거목의 소나무를 배경으로 사진도 찍고 바람도 잡아 놓습니다.

“쉬엄 쉬엄 갑시다.” 다시 숲길을 걸으니 마음이 평온해집니다. 숲의 울창함을 용케도 뚫은 햇살은 이곳저곳에서 반짝이고 있습니다. 나뭇잎에서 영롱한 이슬 방울이 떨어집니다. 조그만 쉼터가 있는 곳에 앉아 쉽니다. 여기가 대성암 2분기점인가?

“자 출발합니다.” 한적한 오솔길을 걸으며 오손도손 이야기하고 녹음이 품어주는 포근함에 시간 흐르는 줄 모릅니다.

매미 소리 바람 소리 들으며 숲을 나오자 자연이 갈라놓은 언덕 흙길을 밟습니다.

“저기 정족산 정상이 보입니다.” 숲이 없는 흙길에서는 구름이 해를 가려줍니다. 길옆에는 머지않아 은빛 물결을 일으키는 억새가 신나게 춤을 춥니다.

“힘내세요” “천천히 올라 가세요” 음성이 들려옵니다. 머리를 숙이며 오르막길을 올라 용 바위에 오르자 푸른 하늘 아래 산봉우리들이 능선을 이루며 펼쳐져 있습니다. 창공은 더 높아 보입니다.

정상 0.1km 주남 2.9km 이정표를 지나 오전 12시 36분 정족산 정상에 섭니다. 와! 사방팔방이 장대한 광경입니다.

영축산, 신불산, 천성산, 대운산. 멀리 달음산 동해까지 펼쳐진 멋진 풍경에 모두 하얀 웃음입니다.

숲의 고요함 속에서 눈을 감고 자연의 교향곡을 듣습니다

가슴이 후련합니다. 대자연이 이렇게 아름다운데, 저 하늘의 무수한 은하수의 우주는 얼마나 신비하고 아름다울까?..

"점심 어디서 먹습니까?"

일만이천봉 금강산도 식휴경이라 했던가...

올라오던 길로 다시 되돌아 조금 내려가다 우측길로 접어듭니다. 이곳에는 이정표가 없습니다. 내려가다 한적한 곳에 둘러앉아 이봉희 집사님 감사 기도 후 점심을 맛있게 먹습니다. 산 속에서 먹는 점심은 늘 맛이 있습니다.

숲 덤불을 헤치며 대성암으로 내려갑니다. 포근한 길을 밟고 가다 소나무와 대나무 터널이 있는 곳을 지나 대성암 마당에 도착합니다.

이곳의 고양이는 사람을 경계하지 않고 친숙합니다. 저쪽에는 약수도 있습니다. 오후 4시 14분.

우리는 인사를 하고 콘테이너 사이로 해서 대성골로 내려갑니다.

조금 가파른 내리막길 조심합니다. 그리고 비좁은 길도 지납니다.

오후 햇살을 받은 연두색 단풍잎이 유난히도 반짝입니다. 점점 아래로 내려가자 물 소리가 들려옵니다. 목마른 사슴이 물가를 찾아가 목을 축이듯 빨리 내려가 물에 발을 담구고 싶어집니다.

가느다란 비탈길도 걷고 지난해 낙엽이 쌓인 길도 걷습니다. 저기 평상이 있네요. 쉬어 갑니다. 계곡에는 조약돌이 보이는 맑은 물이흐르고 있습니다. 울란바토르 소녀가 새우잠이 들었습니다. 주말에 아들이 내려온다고 지난밤에 어머니의 사랑을 담아 놓느라 많이 피곤한 모양입니다.

사탕 하나씩 입에 넣고 다시 출발합니다.

단풍나무 숲길을 내려가는데 계곡물 소리도 쉼이 없습니다. 어느 정도 내려가다 푸른 하늘이 비치는 맑고 깨끗한 큰 소가 있어 모두들 쉬었다 가기로 합니다. 와!~ 시원하다.

깊은 물에 입수하는 분도 있네요.

산행의 여유로움을 가져 봅니다.

다시 시골 산길을 걸어 오후 4시 17분에 노전 암에 도착 볼 일을 해결하고자 하는데 개들에 밀려 후퇴합니다. 여기서 한듬계곡으로 하산합니다. 하산길은 평탄한 길로 걷기에 편합니다.

여기서부터 재미있는 이야기? 에 웃음꽃이 만발입니다. 모두들 얼마나 웃었는지 눈물이다 나옵니다. 산천초목도 덩달아 웃는 것만 같습니다. 웃다 보니 어느덧 내원사 매표소에 도착했습니다. 예상했던 부산행 봉고차가 없어 시원한 아이스크림을 먹으며 데크길을 따라 언양방향으로 걸어갑니다. 좌측 계곡에는 아직도 물놀이하는 청춘 남녀들이 보입니다. "참 좋을 때다."

이상육교를 넘어 모두 순두부 식당에 들러 순두부 식사를 하며 정족산 산행을 종료합니다. 오후 5시 30분 11번 부산행 버스를 타고 무사히 귀가합니다.

하나님께서 만드신 아름다운 정원에서 기쁨의 쉼을 얻는 시간이었습니다. 함께한 분들게 감사드립니다.

함께한 분 : 김문생 대장, 김성로 권사, 박찬익 장로, 이봉희 집사, 강성숙 집사, 이은자 집사, 박영심 집사

국제습지조약(람사르협약) 가맹국들은 국제적으로 중요하거나 독특하고 희귀한 유형의 습지를 보호지로 지정하는데 이를 '람사르습지' 라고 부른다.

가덕도(부산과 거제를 잇는 역사의 섬)

부산시 강서구 가덕도동에 속한 섬으로 천가산의 연대봉 459.4m 국수봉을 중심으로 산지가 형성. 섬에는 부산과 거제를 잇는 해상구간 길이 8.2km. 거가대교는 사장교와 해저 침매터널로 되어 있다. 가덕도와 거제를 연결하는 다리로 가덕도 대죽도 중죽도, 저도 유호리를 통과한다.

2016년 7월 9일 토요일 맑음

예로부터 장마철 시기이며 작은 더위라 불리는 '소서' 무렵이면 김을 매거나 잡초를 뽑아 주고 벼는 포기가 통통하게 굵어지며 알 차기에 들어간다고 합니다. 생명이 살아있는 한 풀은 끝없이 자라는 푸른 시기 입니다. 이 청춘기인 좋은 시절에 jjj 회원들과 섬아 섬아 가덕섬아... 가덕도로 갑니다.

더덕이 많이 생산되어 가덕도란 지명이 생긴 가덕도의 향긋한 더덕 향기를 음미해 봅니다.

가덕도는 천성진성 가덕도척화비, 연대봉수대 등의 문화재와 외양포에는 러일전쟁당시 일제가 축조한 막사와 창고 포진지대 화약고 등의 흔적이 남아있는 곳입니다.

또한 자생동백군락지와 둘레 36km의 부산에서 가장 큰 섬입니다. 눌차도 정거마을은 생태벽화 마을 조성으로 종이 배를 타고 행복한 꿈을 꾸고 있는 소녀 벽화를 볼 수 있습니다.

오늘 우리가 함께 걷는 코스는 자양곡주차장–연대봉–매봉–응봉산–강금봉–동선새바지로 하산합니다.

오전 8시 30분 김문생 대장님 기도후 17명은 봉고차(박찬익 장로님), 유진형 집사님, 박진우 총무님 차로 출발합니다. 푸른 하늘에 하얀 구름이 둥실 둥실 떠 있는 청명한 날씨입니다. 오늘은 푸른색 녹색 흰색만으로 그림을 그릴 수 있습니다.

지양곡 주차장에 도착해 모두 하차한 후 차량 3대는 하산 지점인 동선새바지로 주차하러 달립니다. 주차 장소를 찾기 위해 이리저리 둘러 봅니다.

습도가 높아 벌써 땀방울이 주르륵 흘러내립니다. 살얼음 국물이 있는 시원한 냉국수가 생각이 납니다.

죽도가 보이는 도로변에 주차를 시켜두고 다시 지양곡주차장으로 갑니다. 지양곡주차장 이동카페가 그 자리에 있어 인사를 합니다.

"안녕하세요" "아..예 잘 다녀오세요"

오전 10시 25분 갈맷길로 해서 연대봉으로 올라갑니다. 구름 한 점 없는 푸른 하늘에 바다와 산천초목이 선명하게 보입니다.

데크계단을 올라 청송이 우거진 숲 그늘진 황토길을 따라 걷노라니 심신이 가볍습니다.

새 풀잎 사이로 하얀 야생화도 피어 있습니다.

도란도란 이야기 하며 육각정 전망대에 올라 망망대해 멀리 대마도가 가까이 보이고 그 위 하늘에는 흰 구름 기차가 달리고 있습니다. 구름아 구름아 뭉게 흰구름아 어디로 달리고 있느냐?

지난번에 갔던 대마도 히타까쓰 이즈하라의 여행 추억이 주마등처럼 스치며 지나갑니다. 자 출발합니다.

어느 곳에 피어 있어도 눈에 띄는 깨끗한 마음의 나리꽃을 보며 오르막을 오릅니다. 마음이 청결한 자는 복이 있고 하나님을 볼 수 있다합니다. 땀을 콩죽같이 흘린 후 잠시 휴식하고 올라갑니다.

푸른색 꽃잎 두장과 밑에 붙는 흰색 한 장의 닭장이풀 꽃잎이 푸른별처럼 반짝입니다.

조그마한 야생화를 벗 삼아 연대봉 정상에 도착합니다. 459.4m

와!.... 천성마을 거가대교 해저침매터널 연도 거제도 대항 외양포까지의 멋진 풍경이 한 눈에 들어옵니다.

푸른 하늘과 바다 섬 그리고 산과 아늑한 마을, 이 아름다운 풍경을 볼 수 있는 우리는 행복한 사람들입니다.

저 아래 천성마을은 1510년(중종5년) 삼포왜란 이후 진영을 설치하고 임진왜란 시 천성진은 조선수군의 중요한 거점이었습니다. 이순신 제독은 수차례 가덕도 주변으로 출전하여 일본 수군을 격멸시켰습니다. 대마도에서 부산포로 침략해 오는 왜군 함대를 최초로 발견한 장소도 여기 연대봉 입니다.

하늘에는 잠자리들이 신이 나서 빙빙 맴돌고 있습니다. 단체 기념사진도 남기고 봉수대 옆 길로 해서 매봉 방향으로 내려갑니다.

초록빛 눈부시게 빛나는 숲 매봉으로...

밀림같은 숲 속을 매미 소리를 들으며 사뿐 사뿐 걷습니다. 나뭇가지 사이로 불어오는 고마운 바람에 이마의 땀이 날아갑니다.

마침 나무 그늘 아래 큰 평상이 있어 함께 둘러 앉아 박찬익 장로님의 감사기도 후 점심을 맛있게 먹습니다. 어찌나 시원한지 한 숨 자고 싶어들 합니다. 눈 감으면 절로 잠이 들것 같습니다.

이희상, 김미자 집사님 부부 환영을 마치고 매봉으로 천천히 걷습니다. 숲길을 걷는 즐거움에 웃음꽃이 만발합니다. 이희상 집사님 낮은 자세로 아내의 등산화 끈을 묶어주는 사랑의 모습이 참 아름답습니다. 하늘을 가리는 짙푸른 녹색의 왕국에 햇빛을 받은 나뭇잎은 더욱 눈부시게 환상적으로 빛이 납니다.

우리의 웃음도 이끼긴 나무를 타고 메아리 울립니다.

어음포 산불초소를 지나 고목들이 숨쉬는 정글같은 숲 속 길을 올라갑니다. 버섯과 야생화도 보며 깊은 산으로 점점 들어갑니다. 저 나무는 무슨 나무일까? 한 뿌리에서 다섯 가지가 뻗어 나와 하늘로 향하고 있습니다. 저 나무를 타고 오르면 하얀 쪽배를 탈 수 있을까?

357m 매봉 정상에 도착합니다.

멋진바위 응봉산에서 내려다 보이는 바다풍경과 황조롱

신기한 의자 나무가 있어 기념사진을 찍는데 울란바토르(몽골)소녀가 나타났습니다. 여기서도 거가대교와 바다 신항만 녹산공단 눌처도 낙동강까지 경치가 아름답습니다.

우회 길로 해서 응봉산으로 향합니다. 완만한 숲길을 내려가고 오르며 내려가다 와!... 대마도가 확실히 보인다는 함성이 들려옵니다. 강물과 바다가 수채화처럼 신비하게 보이는 바다 저 멀리 뚜렷이 대마도가 보입니다. 사막에서 야자수나 오아시스를 만나는 신기루가 아닙니다. 눈으로 분명히 보는 행운입니다.

저 앞 기암괴석이 보이는 응봉산으로 가기위해 다시 숲 속으로 빠져듭니다. 어디론가 날아간 곤충 껍질도 보고 층층이 솔잎이 핀 소나무도 만나고 사각 정자를 지나 오르막으로 진입합니다.

야자수 잎 싸리나무 숲을 거쳐 로프를 잡고 바위를 밟고 올라가 모두들 잠시 쉽니다.

바위에 앉아 바다 바람을 쏘이며 여유를 부립니다. 암릉을 돌아 314m 응봉산 정상에 도착합니다. 오후 2시13분.

바위에 올라보니 진우도 신자도 몰운대 바다 낙동강의 경치가 아름답습니다. 거대한 강물을 저 바다는 푸른 물로 정화 시키니 바다는 생명입니다. 유진형 집사님 대자로 눕습니다. 응봉산 기를 받습니다. 동선새바지까지는 1.0km.

바위 통천문을 통과해 기암 위로 다들 올라서며 와--아! 멋진 경치에 형언할 수 없는 감탄을 합니다. 동선 마을 앞 죽도에 물이 빠

지고 있습니다. 저 아래 능선을 타고 강금봉을 내려서면 동선새바지 하산 지점입니다.

능선 길은 편안합니다. 뒤를 돌아보니 응봉산 바위가 우뚝 치솟아 있습니다. 조망 바위에서 진우도 넘어 승학산 백양산 금정산이 보인다며 설명해 주고 있습니다.

"저 뒤 가지산 칼바위도 보입니다." "그 넘어 도봉산 북한산도 보이는데요"

jjj 2년차 되면 보는 시야의 통찰력이 대단하네요. 풍선이 점점 커집니다. 펑!

이희상 집사님 "백두산이 안보이는게 다행입니다."

하산 길은 웃음으로 내려갑니다. 오르막길을 올라 강금봉에서 쉬었다가 내리막길을 천천히 내려갑니다. 동선새바지에 도착해 하산을 종료 합니다. 3시36분.

오후 햇살이 따갑습니다. 수건으로 얼굴을 가리며 임도를 따라 걷습니다. 물이 다 빠진 죽도 앞에서 무더위를 식혀주는 냉수와 아이스바를 먹으며 작은 것에 의한 행복을 나눕니다.

오후 4시 부산으로 달립니다. 거가대교와 대마도가 보이는 가덕도의 여운이 눈을 감기게 합니다. 온천장 물회 식당에 들러 시원한 물회 국수를 먹으며 산행을 종료합니다. 엄청 맛있고 시원합니다. 아름다운 동행을 한 모든 분들께 감사드립니다.

산행을 리딩해 주신 김문생 대장, 운전해 주신 박찬익 장로, 유진형 집사, 박진우 집사님 감사합니다.

함께한 분 : 김문생, 김성로, 강성숙, 조해경, 박영심, 강영석, 박찬익, 이봉희, 노창동, 유진형, 차숙정, 이희상, 김미자, 이은자, 신혜경, 박진우

북한산 (백운대836m)

서울특별시 북부에 위치하며 산세가 웅장하고 백운대에 오르면 서울시내와 근교가 한 눈에 들어오고 도봉산 북악산.남산 관악산이 보인다.
맑은 날은 강화도 영종도도 보이며 북쪽 인수봉은 암벽 등산코스로 인기가 높다. 고려 성종때인 993년 고려사에 삼각산, 삼봉산 등장하다 일제 강점기 이후 북한산이라 불려지고 있다.

2014년 7월 12일 토요일 맑음

북한산은 백운대(836m) 만경대(800m) 인수봉(810m)의 세 봉우리가 삼각으로 나란히 우뚝 솟아있어 삼각산으로 불리는 명산으로 주위에 염초봉 노적봉 원효봉 등 거대한 암괴 형상의 도상구릉 산입니다.

화강암이 지반의 상승과 침식작용으로 지표에 노출된 뒤 절리와 표면의 풍화작용으로 산세가 험준하고 경사가 심한 암벽 봉우리 산입니다. 청태종이 12만 대군으로 조선을 침입한 병자호란 때 척화론자이며 예조판서인 청음 김상헌이 청나라로 끌려가면서 읊었던 시에 나오는 산이기도 합니다.

"가노라 삼각산아 다시보자 한강수야 고국산천을 떠나고자 하랴마는 시절이 하 수상하니 올동말동 하여라" 우리 가문의 조상인 이 분이 존경스럽습니다. 또한 1711년(숙종37)에 축조된 연장 8km 북한산성과 우이동계곡 정릉계곡 세검정계곡 등이 있는 수려한 경관과 문화유적이 많은 산입니다. 이 아름다운 산속에 잠기고 싶어서 먼거리를 감수합니다. 11일 밤 11시 10분 부산역에서 무궁화 열차에 승차 하였습니다. 도로원표상으로는 부산-서울이 457km.

승차권을 개찰하는 과정도 없이 승차하고 보니 제복을 입은 개찰원이 개찰해야 기차를 탔던 여행의 그리움이 생각이 납니다. 그리고 어릴적 강원도 동점역에서 기차와 철로의 그 특유의 냄새도 이제는 추억의 향수입니다. 동점역 앞 낙동강 물이 왜 검은 물이 흐르는지 몰랐습니다. 세월이 흐른 후에야 수많은 사람들이 흘린 노고의 땀방울이 검은 물과 함께 흐르고 있음을 알았습니다.

무궁화 열차가 철로를 달리는 일정한 진동이 눈을 감게 합니다. 몇 번이나 고개가 제껴지며 잠이 깨고 잠이 들었습니다. 그러는 사이 무궁화 열차는 어두운 밤 속을 불빛을 내며 터널도 지나며 산과 들도 지나며 강도 다리도 건너며 달리고 있습니다.

아주 오래전 부산진역에서 비둘기호 열차를 밤새 타고 서울 덕수

궁 구경 간 추억이 아련히 생각납니다. 현재 과천에 있는 국립현대 미술관이 전에는 덕수궁에 있었을 때 그림 감상하러 갔었습니다. 12일 토요일 새벽 4시 30분 넘어 서울역에 도착하였습니다. 엉클어진 머리에 눈꼽이 끼고 몸이 가볍지 않은 상태의 모습이 서울역 화장실 거울에 비친 내 모습입니다. 베이스캠프 목동8단지로 가기 위해 택시를 탔습니다.

"몇시에 내리세요" "4시 20분 도착인데 연착하고 택시 타고가면 5시 30분 넘어야 될 것 같다." "밤새 고생 많으시겠어요. 낼 아침 저희 집에서 한 두시간 주무시고 아침 드시고 출발 하도록 해요"

목동아파트8단지에 내려 "잠 더자 8시 넘어 아파트로 갈께" "괜찮아요. 지금오세요."

후남 조카 가족을 생각하여 문자 보내 주고 나는 주변을 돌아보고 사우나를 찾아 피로를 풀기로 하였습니다. 오늘 조카 후남이와 방 서방과 함께 북한산 등산하기로 하였거든요. 사우나에 들러 물속에 피로를 풀고 오전 8시에 후남이 아파트에 들어갔습니다. "어서오세요. 고모부님" "이 쪽으로 앉으세요."

아침 음식이 한 상 가득히 준비되어있었습니다. 조카와 방 서방의 환대를 받고 아침 식사를 배불리 맛있게 먹었습니다. 찰밥을 두 그릇이나 비웠습니다. 그리고 선물도 주네요. "후남아 덕분에 잘 먹었다."

방 서방도 아들을 인사시킵니다. 족보상 벌써 할배가 되어있습니

다. 산행 준비를 한 후 방 서방 운전으로 우리 세 사람은 오전 9시 좀 넘어 북한산으로 향하였습니다.

한강을 건너고 서울 시내를 달려 하나고등학교를 지나서 북한산 둘레길 이정표 기둥 너머로 북한산 일부가 한국화에 그려진 산 모양처럼 시야에 들어왔습니다. 북한산을 빨리 만나고 싶어집니다. 북한산성 입구 주차장 옆으로 쭉 올라가니 북한산 국립공원안내도가 서 있고 북한산 국립공원 글자가 하얀 나무조각으로 붙어 있습니다. 국립공원관리공단 글자도 보이는 이곳이 입구입니다. 사람들이 엄청 많이 들어가는 것을 보니 명산의 인기가 대단합니다. 방 서방 말로는 관악산과 더불어 늘 이렇게 많이들 찾는다네요.

산행안내 방 서방을 따라 이제 북한산의 절경을 마음껏 누려 보아야겠습니다. 북한천 옆길을 따라 평평한 등산로를 걸었습니다. 길옆에는 하얀 개망초도 많이 피어있었습니다. 기분이 좋습니다. 북한천은 가뭄에 물이 적게 흐르지만 깨끗한 물이 흐르고 있네요.

나무로 난간도 만들어져있고 사람들의 흔적이 고스란히 나타나 있는 산입니다. 큰 소나무를 만났습니다. 소나무를 우리 말로는 '솔' 이라고 부릅니다. 솔의 뜻은 위에 있는 높고 으뜸이라는 뜻입니다. 저 소나무 잎을 보니 추석 때 솔잎에 송편을 쪄내시는 엄마가 생각이 납니다. 음... 솔잎향이 좋습니다.

올라가다 전망대에 도착하여 앞을 보니 감탄이 절로 나옵니다. 좌측부터 원효봉 염초봉 백운대 만경대 노적봉 등 화강암의 거대한 암벽과 기암 절벽의 조망이 가히 일품입니다. 보리사를 안고 백운대 방향 등산로는 돌계단이 놓여 있습니다. 안전하게 걸을수 있도록 공사하신 분들의 손길에 고마움을 전합니다. 산속에 동화되어 걷다가 백운대 1.6km 이정표에서부터는 가파른 돌길이 이어져 있습니다. 온 몸이 사우나 물에 들어간 것처럼 북한산 땀으로 다 젖어있습니다. 조카와 방 서방도 머리띠를 하고 쉬엄쉬엄 올라가고 있습니다. 미끈한 큰 바위에는 쇠기둥과 와이어가 설치되어 있습니다. 허리를 굽혀 조심조심 잡고 천천히 올라갔습니다. 방 서방은 몇번 올라온 길이라 앞서가지만 후남 조카는 모처럼의 산행에 자주 걸음을 멈추고 있습니다. 나무숲 저 멀리로는 노적봉과 만경대의 머리가 보입니다.

앞서 걷던 방 서방이 다리가 풀린다 하여 소나무 아래 평평한 바위에서 점심을 먹고 가기로 하였습니다. 찰밥에 맛있게 배불리 먹고 캔맥주와 과일을 후식으로 먹는 중 손님이 찾아왔습니다. 목마른 청설모가 갈급히 시냇물 찾듯 청설모가 배가 고픈지 식량을 찾아 우리 앞에 와 앉았습니다. 음식을 하나 던져 주었더니 제빨리 물고는 나뭇가지 위로 올라 갔습니다. 오늘 청설모에게는 특식이 되었습니다. 에너지를 보충했으니 이제 다시 출발합니다. 가파른 돌 계단길이 어디가 끝인지 보이지를 않습니다. 숨소리도 거칠어 지고 또 땀이 점점 옷을 점령하고 있습니다. 조카는 나무 난간에 기대어 위를 바라보고 있네요

한 걸음 한 걸음 올라갑니다. 큰 바위 앞에 단풍나무가 걸음을 멈추게 하고 가을에 꼭 오라고 합니다. 큰 바위 저 위로는 암봉우리가 서로 이야기하는 모습입니다. 가는길 사이사이로 나무가 그늘을 만들어 주고 있습니다. 도대체 끝이 어딜까? 보는 방향에 따라 또 다른 모습들의 봉우리들이 저 위에서 기다리고 있습니다. 나무 고무계단이 시작되는 곳에 도착하니 백운대 0.4km 이정표가 보입니다. 후남 조카 나무계단을 물끄러미 바라봅니다. 제법 올라가니 북한산성의 암문이란 곳입니다. 북한산 주봉인 백운대와 만경대 사이에 위치한 성문으로 북한산성의 성문중 가장 높은 곳에 자리 잡고 있습니다. 1711년(숙종37) 북한산성 성곽을 축조하면서 설치한 8개 암문중 하나입니다.

암문은 비상시에 병기나 식량을 반입하는 통로이자 때로는 구원병의 출입로로 활용된 일종의 비상 출구입니다. 암문 위쪽에는 고릴라 모양의 바위도 있습니다. 어떤 외국인은 애기도 업고 올라 갑니다. 성문 양쪽은 장대석으로 쌓고 위 천장 부분은 장대석 여러매를 걸쳐 만든 평거식 암문입니다. 중앙에 서자 암문을 통과하려는

바람이 이곳까지 올라온 더위를 말끔히 쓸어 갑니다.

북한산성 바위틈 사이사이에 노란 꽃들이 피어있습니다. 이제 좌측으로 10분만 올라가면 백운대 정상이라 합니다. 만경대 쪽 바위가 밀면 떨어질 것 같습니다. 백운대로 올라가는 바위길은 쇠기둥에 와이어가 설치되어 한 사람 한 사람 조심조심 올라가야 합니다. 실수하면 대형사고가 납니다. 정상에 사람들이 아주 작게 보입니다. 인수봉에는 암벽을 타는 많은 사람들이 보이는데 아찔하네요. 보는 것 만으로도 머리카락이 쭈뼛쭈뼛 섭니다. 해발 810m의 인수봉 바위(높이 약 200m)를 타는 사람들 대단합니다. 저산 봉우리는 무슨 바위지?

아슬아슬하게 바위에 붙어 와이어를 잡고 올라 갔습니다. 쇠기둥과 와이어를 설치해 준 분 고맙습니다. 덕분에 많은 사람들이 정상에 오를 수 있습니다. 3.1운동 암각문 바위를 지나 백운대 정상에 드디어 도착하였습니다. 태극기가 이곳에 올라온 사람들을 환영하고 있습니다. 동해물과 백두산이 마르고 닳도록 하느님이 보우하사 우리나라 만세 무궁화 삼천리 화려강산 대한 사람 대한으로 길이 보전 하세... 애국가가 절로 나옵니다. 정상에서 내려다 보는 북한산 일대의 절경이 가히 감동적입니다. 만경대 전체 바위가 다 보이고 암봉 능선이 꿈틀거립니다. 백운대에서 날아가 인수봉과 만경대를 보고 백운대로 돌아오는 스파이더맨이 되어봅니다. 1968년 1월 21일 북한 특수부대 124군 소속 31명 무장특공공비가 은신한 북한산 비봉능선 사모바위가 저 멀리 있습니다. 그로 인해 중앙 유격 사령부 684군 특공대(실미도 부대)가 68년 4월 1일 창설되기도 하였습니다. 정상에서 내려가는 것이 더 위험해서 조카는 올라오지 말라고 전화를 해도 안받습니다. 살살 천천히 내려오다 방 서방을 만나 조카에게는 위험하니 하산하자고 하며 함께 내려갔습니다. 바위 밑에는 모여 음식을 먹는 사람들도 있습니다. 어떤 사람은 바위에 올라 사진을 남기고 있네요. 올라가는 사람들과 교대로 비켜가며 암문에 도착하여 옥수수와 과일을 먹으며 잠시 휴식을 하였습니다. 베낭도 한결 가볍네요. 자 이제 올라오던 길로 하산입니다. 오던 길을 내려가는데 더 멀기만 느껴집니다. 내려가면서도 언제 또 오겠는가 되돌아 봅니다.

조카가 힘들어 보이는 것 같아 베낭을 대신 지고 내려 갔습니다. 중간중간 쉬면서 북한산과 시간을 보냈습니다. 내려갈 때의 경치가 또 다른 모습입니다. 보리사에 도착하니 올라갈 때 못 보았던 고목이 하산길 조심해서 가라고 잠시 숨을 고르게 해줍니다.

북한동 역사관 앞 쉼터에서 방 서방이 주는 시원한 음료를 마시며 백운대를 바라보니 참 먼 거리입니다. 다시 걸어서 고무판 길도 지나고 굴참나무 상수리나무도 뒤로하면서 북한산 속을 점점 빠져나오고 있습니다.

북한산 북한천 옆 철판길 바닥은 얼마나 많은 사람들이 왕래했는지 바닥이 은빛으로 변해 있습니다. 인기 명산이 증명됩니다.

백운대에서 3.4km 내려왔습니다. 하얀 개망초가 핀 평평한 길에도 등산화 자국이 수없이 수를 놓았습니다. 살구나무가 많이 자라는 지역으로 매우 유명한 행화촌이라 불리던 한동 마을 자리에는 북한산성 교육정보센터가 들어서 있습니다. 아래로 내려가는 평탄한 길은 지난날에는 이 마을에 사는 사람들의 그리운 고향길이었습니다. 또한 개망초 군락지 이곳도 한동 마을이었다는 안내판의 사진이 옛 마을을 알려줍니다.

개망초꽃 옆에는 분홍색 패랭이꽃이 함께 피어있습니다. 둘레교에 도착하여 다리 위에서 계곡과 숲 저 넘어 노적봉 만경대 백운대 원효봉이 어머니가 차가 사라질 때까지 손을 흔들듯 멀리 보입니다. 이 둘레교를 따라 둘레길도 걷고 싶어집니다. 북한산 입구로 나와 방 서방 운전으로 서울역으로 향하고 있습니다. 북한산 봉우리들이 점점 작게 멀어졌습니다. KTX(18:50) 부산행 열차에 승차를 하였습니다. 잔잔한 진동과 속력의 바람 소리에 눈이 감겼습니다. 속력 300km 넘는 체감을 하고 21:36 부산역 도착하여 무사히 귀가하였습니다. 북한산 가을에 또 가야 겠구나...

후남이 방 서방 고마워...

북한산성탐방지원센타-보리사-백운대-보리사-북한산성탐방지원센타

한라산 (제주도 1950m)

**제주특별자치도 중앙부에 솟아 있는 거대한 화산으로 대부분 현무암으로
남쪽은 경사가 심한 반면 북쪽은 완만, 동서방향으로 비교적 지대가 노고 평탄.
정상에는 둘레 약3km 지름500m의 화구호 백록담이 있고
주위 윗세오름, 삼각봉, 왕관릉, 흙붉은오름, 사라오름, 알방에오름 등
수많은 기생화산을 거느리고 있는산.
봄에 철쭉 유채 가을 단풍 겨울 설경과 운해가 절경인 산이다.**

2021년 6월 2일

태고의 신비를 간직하고 세계자연유산(UNESCO), 생물권 보존 지역, 세계지질 공원인 우리나라에서 가장 높은 해발 1950m의 한라산 등정을 합니다.

고요한 도시의 새벽 공기를 가르며 택시는 김해국내선공항으로 질주합니다.

가로등 불빛만이 새벽길을 밝혀주고 있습니다. 여명이 다가오는 시각 거대한 빌딩들이 쏜살같이 뒤로 멀어집니다. 살아온 시간들이 이렇게 빨리 지나가는 것 같습니다. 여행을 떠나는 청춘의 마음이 설레임으로 가득 차 있습니다. 눈으로 보는 즐거움도 있지만 마음이 길을 찾는 감명있는 산행이 될 것입니다.

너무 일찍 도착했나?

하늘과 바다가 하나되는 김해국내공항 안에는 한산하기만 합니다.

김해→제주 발(대한항공) 첫 비행기(오전 7시 05분)입니다.

조금만 소리쳐도 귀에 속삭인 것이 지붕 위에서 외치는 큰 소리로 들려올 것 같은 적막감이 돕니다. 무의식적으로 폰을 열어 일기예보를 검색합니다.

오늘 제주도 날씨는 맑음입니다.

수년 전 한라산 설국을 보러 제주도 왔다 기상 악화로 산행이 통제되어 제주 시내만 돌아다니다 간 적이 생각납니다.

승무원들이 들어오고 유니폼 입은 공항 직원들이(주황색) 삼삼오오 출근하고 여행 케리어 굴러가는 소리와 함께 여행객들이 모여들자 이내 공항 내는 활기가 넘칩니다.

공항교통관제탑에서 연락이 온 모양입니다.

항공기 엔진소리가 광음을 내며 힘차게 활주로를 달립니다. 이내 내 몸이 공중부양하며 떠 오릅니다. 눈 깜짝할 새 낙동강 긴 강과 형형색색의 지붕이 한눈에 내려다보이는 풍경이 저 아래로 보입니다. 도로 위에는 자동차들이 개미떼 처럼 이어 달리고 있습니다. 거가대교와 작은 섬들 그리고 조선소를 지나 비진도가 조그마하게 내려다보입니다.

하늘 길에도 비포장 길이 있는지 덜컹거리는 진동이 몸을 흔들어 댑니다.

바다와 하늘은 선 하나로 이어져 있습니다. 하얀 구름 위에서 창문 위 구름 아래서 정지된 듯 비행기는 비행을 하고 있습니다.

끝없는 우주 속으로 날아 신비로운 별들의 강인 은하수를 내려다

보고 싶어집니다. 벌써 저 멀리 한라산 정상을 구름이 감고 있습니다.

하얀구름 너울쓴 한라산

너울 쓴 저 정상을 오늘 오릅니다.

제주항 방파제와 빨간색, 흰색 등대가 금새 지나쳐 버리고 새가 앉듯이 활주로에 타이어가 닿자 강착장치의 충격이 전해옵니다.

공항을 빠져나오자 야자나무 숲이 이국적인 풍경으로 제주도를 알리고 있습니다. 택시를 타고 성판악 탐방 안내소로 달립니다. 흐린 날씨로 도시가 밝아보이지 않습니다.

코로나19로 마스크 쓴 사람들의 출근 모습이 새로운 세상을 함께 살아가고 있는 경험을 하게 합니다. 코로나가 종식되어 일상적인 자유함이 있는 생활이 되기를 소망해 봅니다.

얼룩무늬 소떼가 있는 목장도 지나고 귤밭도 지나는 창밖은 금방이라도 비가 내릴것만 같은 날씨입니다.

성판악에 도착하여 입산하려 하자, “예약하셨어요?”, “예? 못했는데요" 입구에서 예약 확인자 확인 후 입장 시켜주고 있습니다.

"예약하지 않으면 입장할 수 없습니다." "어떻게 하면 됩니까?" 마음이 급해집니다.

직원의 말을 듣고 부랴부랴 현장예약을 하고 나서야 들어가시라고 하여 입산을 시작합니다.

(하루 성판악 1,000명 관음사 500명 제한 입장입니다.)

"오후에 비 소식이 있습니다." 등 뒤로 직원의 목소리가 들려 옵니다. 비가 안 내려야 할텐데...

오전 8시 57분 산행을 시작합니다.

울창한 숲이 우거진 높은 산일수록 계곡이 깊고 삼림욕 하기에 좋습니다. 양옆으로 울창한 숲이 시원함을 더해 줍니다. 나뭇잎 사이로 하늘은 마치 깊은 우물에 비치는 조그만 하늘이 됩니다.

길옆 한라산 탐방로 안내판에는 성판악에서 정상 백록담까지 9.6km(4시간 30분)로 구간과 거리 난이도 등급이 잘 표시되어 있습니다.

12시에 정상에 도착하기로 마음을 다짐합니다. 야자매트(코코매트)가 깔려 있어서 보행하기가 편합니다. 부드러운 황토길처럼 보입니다. 불꽃이 위로 날아가듯 산악 구보하는 사람이 휙~앞질러 달립니다.

이번에는 데크길입니다. 산책하기에 좋은 길입니다. 현무암 척박한 돌길도 걷습니다. 고라니도 가로질러 숲속으로 달아납니다. 외국인들도 한라산 비경을 감상하러 등산을 하고 있습니다. 하얀 미소로 인사를 해 옵니다.

해발 1,000m를 지나자 쭉쭉 뻗은 삼나무 숲입니다. 산을 오르는 등산보다는 둘레길을 걷는 느낌입니다. 선선한 날씨에 울창한 숲속을 걷고 있으니 힐링이 절로 됩니다.

속밭 대피소에서 흐르는 땀을 식히며 시원한 물을 마십니다.

코코매트길 양옆, 숲으로는 끝이 갈수록 잎이 뾰족한 조릿대 숲입니다. 서늘한 바람이 조릿대 군락을 스치니 시시시~ 잎들이 부딪히는 소리가 들려 옵니다. 조릿대 숲이 바람의 노래를 부릅니다. 쓰러진 나뭇가지에도 연두 새순이 바람을 퉁겨내고 있습니다. 자연은 거짓없이 표현되는 아름다움이 있습니다.

사라오름 갈림길을 지나 올라갑니다. 가족이 등산을 하고 있습니다. 계단을 오르는 꼬마의 얼굴이 당차 보입니다. 엄마가 격려하자 더 신이 나서 올라갑니다.

긍정의 말은 그칠 줄 모르는 고통 가운데서도 기쁨의 샘이 됩니다.

1,400m올라선 진달래 대피소에는 곳곳에 사람들이 쉬고 있습니다. 정상 등산 통제시간 13:00.

정상에서 최종 하산 시간 14:30 글씨가 눈에 들어옵니다. 백록담(정상)가는 입구에 안내 문구가 있습니다. 데크길과 돌길 오르막 양옆으로 조릿대와 숲이 어우러진 풍경이 개울의 물살같이 지나갑니다. 1,300m 지나 1,700m 한 대림대에 이르자 구상나무림이 분포해 이색적인 풍경을 자아냅니다.

생태계 여러 종 가운데 사람들이 중요하다고 인식하고 있는 깃대종 중 하나인 산굴뚝나비는 제주도 한라산 1,300m 이상의 높은 지역에서 만나 볼 수 있다 하지만 쉽게 볼 수 없습니다.

오만 갈래로 뻗어 있는 구상나무의 진풍경에 많은 사람들이 추억의 사진을 남깁니다.

안개가 피어오르며 멀리 구상나무가 안갯속에 아지랑이처럼 꿈틀거립니다. 비라도 쏟아질 것 같고 안개가 정상 부근을 덮고 있습니다.

빛 없이 캄캄한 데를 더듬어 가듯이 안갯속을 더듬어 올라가야 하는가? 우의를 입은 사람이 지나 내려갑니다. 그런데 세찬 바람이 불기 시작합니다. 뒤로 돌아서서 아래로 내려다보니 구름이 걷치며 한라산 일대의 장엄한 풍경이 드러나 펼쳐있습니다. 곳곳에 기생화산(오름, 측화산)의 비경은 이곳에서만 감상할 수 있습니다. 일망무제입니다.

기침과 사랑은 숨길 수 없듯이 이 절경에 감탄의 탄성이 절로 나옵니다. 강한 바람에 등산복 자켓을 꺼내 입고 밀어내는 바람의 저항을 받으며 올라갑니다.

또다시 뒤를 돌아보며 광활한 아름다운 경치에 빠져듭니다. 하얀 구름 사이로 아득히 제주 바다가 아련히 조망 됩니다. 발아래로 안개가 바람을 탑니다. 1,900m에 이르자 바람 소리가 굉음을 내며 귀를 스칩니다. 들풀이 몸부림치며 흐느낍니다.

손가락 끝이 시려옵니다.

11시 52분 정상에 이르자 정산석 인증 사진을 담으려는 사람들로 병목현상입니다.

에베레스트 정상에서는 병목현상으로 저산소, 고산병, 탈진으로 사고가 속출한다고 합니다. 산이 높아 산정에 서면 은하수를 잡아 당길 수 있다는 한라산 정상에 서니 감개무량입니다.

방아오름 윗세오름남벽 흙 붉은오름 등 여러 오름이 함께 어우러져 멋진 풍경을 선사하고 있습니다. 자연이 보듬어 주니 기다림도 즐거움입니다. 추억의 아름다움을 남기려고 여러포즈로 찍는 커플도 있습니다. 내 뒤로 줄줄이 길게 순서를 기다리고 있네요.

정산석 인증을 하고 흰사슴이 떼를 지어 놀면서 물을 마셨다는 백록담을 내려다 보았습니다. 표주박 모양으로 물이 담겨져 있습니다. 백두산 천지는 기상악화로 못 보고 내려왔었는데 백록담은 보게 되어 마음이 기쁩니다.

삼각봉으로~

세찬 바람이 관음사 방향으로 하산을 재촉합니다. 구상나무 군락 아래로 수많은 오름이 바다 위에 오른 작은 섬들이 되었습니다.

사라봉 옆 제주 시내까지 내려다 보이는 풍경입니다. 아래에서는 가려서 위를 볼 수 없지만 위에서는 다 내려다 보입니다.

구상나무 가지를 보노라면 설산 순백의 눈꽃(설화) 상고대를 생각나게 합니다.

윗세오름이나 덕유산 겨울 산행 때 설국의 배경은 오랫동안 기억에 남아 있는 아름다운 추억입니다.

자연풍과 기온이 만들어낸 자연의 예술품입니다. 파란 하늘에 피어난 상고대는 마치 푸른 바다 속 산호초를 연상케 합니다. 매서운 한파가 몰아쳐 나뭇가지 위에 조그만 얼음조각 고드름이 주렁주렁 매달려 빛나는 빙화 또한 겨울 산행때만 볼 수 있는 예술품입니다. 바위 아래 쪼그려 앉아 추위를 피하는 사람도 있습니다. 하산 길 좌측으로는 장구목오름(1,812.5m)에서 삼각봉에 이르는 고상돈케언이 사자들처럼 누워 있습니다. 저 능선 아래로 왕관바위와 삼각봉 사이로 삼각대피소의 지붕이 보입니다.

계곡으로 쭉 내려가 삼각봉 주위 절벽 아래길로 가야 합니다.

북벽 용암 바위가 날카롭게 굳어져 있고 이쪽으로 가는 길은 철조망으로 통제되어 있습니다. 바위틈에는 야생화도 피어 있습니다. 데크계단을 따라 내려가는데 한 분이 무릎에 통증이 오는지 괴로운 표정으로 뒷걸음으로 내려갑니다.

다리는 납을 달고 있는듯 무거울 텐데… 지나쳐 내려가다 안스러워 무릎 보호대를 줄려고 뒤를 돌아봅니다. 다행이 그의 일행이 무릎 보호대를 착용시켜 주고 있습니다. 안심이 됩니다.

짐을 나르자 힘이 빠진 것 같이 다리가 풀리지 않기를 바라면서 점점 아래로 계단을 따라 빠져 내려갑니다.

북벽에서 흘러내리는 계곡이 호미로 판 듯이 골이 되어 물이 말라 선명하게 눈에 들어옵니다. 분홍 철쭉꽃이 핀 H장에서 한걸음 멈추어 서서 짙어가는 풍경을 감상합니다. 저 앞쪽 끝이 왕관바위 일듯합니다. 데크계단이 안전하게 설치되어 있어서 걷기에 좋습니다. 용진각 대피소는 터만 남아 있고 몇몇 사람이 앉아 쉬고 있습니다.

아까 데크계단을 따라 내려오니 몸통이 비비꼬인 나무가 생각이 납니다. 모진 인고의 세월을 살아온 흔적입니다. 2007 '나라 태풍' 으로 백록담 북벽에서부터 암반과 함께 급류가 쏟아져 이때 아쉽게도 용진각 대피소가 흔적없이 사라졌다 합니다.

한라산 탐방객들의 안락한 쉼터로 정상인 북벽과 삼각봉, 왕관릉으로 둘러싸여 수려한 경관을 볼 수 있었던 곳입니다. 다시 내려갑니다.

용진각 현수교를 건너 뒤로 돌아보면 왕관릉과 북벽계곡이 깊은 골의 풍경인 것을 볼 수 있습니다. 오르막을 올라 삼각봉 대피소로 가는 길은 이중 철조망이 설치된 낙석주의 구간입니다.

이런 지역은 빨리 지나가는 것이 좋습니다. 화살이 날아가듯 걸음이 빨라집니다. 바람이 불기 시작하자 숲이 파도소리를 내며 나뭇잎이 경련을 일으키며 뒤집어 집니다. 뾰죽 솟은 삼각봉이 금세라도 덮칠듯 우뚝 솟아 있습니다. 삼각봉과 북벽 왕관릉의 장엄한 풍경이 압도적입니다.

레일이 삼각대피소까지 설치되어 있습니다.

백록담에서 관음사까지 8.7km(5시간) 구간과 시간을 알리는 한라산 탐방로 안내판을 봅니다.

대피소 안에는 바람을 피하는 사람들이 앉아 쉬고 있습니다. 관음사로 해서 정상 갈 때는 13:00이후 탐방을 통제합니다. 내려가는 하산 길은 나무와 돌길로 잘 정돈이 되어 있습니다. 쭉쭉 뻗은 소나무 사이로 때로는 초록 단풍이 하늘을 가리는 숲을 유영 합니다.

특전사 대원들이 대통령 경호작전 임무 수행 중 기상악화로 장렬히 산화하여 고귀한 희생과 숭고한 넋을 영원히 기리기 위해 세운 비석을 알리는 원적비 안내판을 지납니다. 바람에 불린 잎사귀 소리에도 놀라듯 발걸음이 빨라집니다. 목교로 내려가는 가파른 계단이 무척 길어 보입니다. 깊은 물속에 가라앉는 돌처럼 한 계단 한 계단 천천히 아래로 내려갑니다. 목교 아래 계곡은 돌무더기로 바닥이 드러나 보입니다. 이번에는 반대로 오르막 계단입니다. 불꽃을 잡고 가듯이 천천히 올라갑니다. 산중에서 만난 소나기에 젖으면 가릴 것이 없어 바위를 안고 있어야 하는데... 햇빛이 비치기 시작합니다. 숲길을 걸으며 옆 계곡을 봅니다.

물 없는 계곡 화산 폭발시 정상으로부터 흘러내린 용암이 식어 빚어진 독특한 기암 풍경을 보게 됩니다. 계곡에 용암동굴 뻥 뚫어져 있습니다.

오후 햇살이 나뭇잎 사이로 비쳐 내려옵니다.

연초록 잎이 초록 물방울이 되어 하늘을 가린 숲을 나와 산행을 종료합니다. 오후 3시 23분 내 몸은 자연에 취하고 내 발은 숲을 삼키며 걸었습니다. (관음사 탐방로 입구에 한라산 등정 인증서도 줍니다. 1,000원)

시간적 여유가 있어서 버스를 타고 제주공항으로 이동합니다.

화장실에서 옷을 갈아입고 냉주스와 간식을 먹으며 휴식을 합니다. 면세점을 둘러 구경도 하며 가족에게 줄 선물도 구입 합니다. 하늘은 환상적인 저녁노을이 연한 풀 위의 가는 비같이 채소 위의 단비같이 온누리에 비칩니다. 제주공항의 밤이 시작되고 이제 부산으로 돌아갈 시간입니다.

밤꽃 불야성의 부산 야경을 내려다보며 무사히 착륙하여 가족이 있는 행복한 안식처로 돌아 왔습니다. 내 마음에 기쁨과 평안함이 있습니다.

성판악탐방안내소-속밭대피소-사라오름전망대갈림길-진달래대피소-백록담(정상)-헬기장-용진각대피소-용진각 현수교-삼각봉대피소-원점비-탐리계곡목교-관음사탐방로입구(당일치기 김해국내공항-제주국제공항)

- 운문산
- 육백산
- 문복산
- 주흘산2
- 팔영산

지리산
칠선계곡

운문산 (청도 1,188m)

경남 밀양시 산내면과 경북 청도군 운문면에 걸쳐 있는 산
천태만상의 기암이 계곡과 더불어 절경인 산
우렁찬 소리와 함께 얼음 알갱이 처럼 하얗게 뿌려지면 쏟아지는 석골폭포로...

2015년 7월 25일 토요일 맑음

영남 알프스(가지산 1,241m 운문산 1,188m 천황산(재약산) 1,189m 신불산 1,159m 영축산(취서산) 1,081m 고헌산 1,034m 간월산 1,069m) 중 경관이 가장 아름답다는 운문산으로 오늘 산행을 떠납니다. 기암괴석과 울창한 수풀이 심산유곡을 이룬 더할 나위 없이 훌륭한 경치를 볼 수 있는 산입니다. 오전 9시 jjj 13명은 아름다운 동행을 함께 하기 위해 모여 김문생 산행 대장님 기도 후 김문생 산행 대장님 정원섭 회장님 박찬익 장로님 차에 나누어 타고 운문산으로 출발을 합니다. 하늘에는 하얀 뭉게구름이 떠 있는 사이로 파란 하늘이 열려 있습니다. 찰 옥수수를 먹으며 달려 언양을 지나 긴긴 가지산 터널을 통과 합니다. 노르웨이에는 26km 되는 터널도 있다고 하니 그 터널을 달리는 사람들은 얼마나 지루할까? 24번 도로를 타고 원서리 석골교 입구에 도착해 모두 하차를 합니다. 오전 10시 5분. 시원한 골바람에 석골교 밑에서는 젊은이가 고

기를 잡느라 허리를 굽히고 집중하고 있습니다.

“고기 많이 잡히능교?” 묻자 위를 쳐다보며 “없어요” 대답을 하네요. 모 농원 과수원에서는 약을 치는 농부의 부지런한 손길이 보이고 있습니다. 싱싱한 초록빛 사과가 영글어 가고 있습니다. 풋풋한 향기를 내뿜으며 자태를 뽐내고 있습니다. 이 일대가 얼음골 사과인가?...달콤 아삭한 시원한 사과를 먹고 싶어집니다. 베낭과 스틱을 챙기고 석골교를 지나 운문산으로 향합니다. 보라색 도라지 꽃도 보며 동천교를 지나가는데 이런! 최 집사님 스틱을 그냥 두고 와 다시 가지러 불이 나게 달려갑니다. 석골 마을 돌배도 만져보고 길 따라 올라가 국난을 당하였을 때 나라를 위하여 의병을 일으킨 임진왜란 창의유적 기념비 (안내도)에서 오늘 코스를 설명 듣습니다. 석골교-석골사-상운암-운문산-딱밭재-석골사-석골교... 원서 3안길을 따라 걸어가며 나무 땔감도 길목에 핀 작은 꽃도 구경하는데 원서천 물소리가 들려 옵니다. 이어서 눈앞에 나타난 석골

폭포에 모두 감탄해 발걸음이 멈추어 섰습니다. 바위를 타고 힘차게 하얀 물보라를 일으키며 쏟아지는 큰 폭포와 시원한 물소리가 압도적입니다. 얼음 알갱이처럼 뿌려져 내려와 살얼음이 된 맑은 소를 보는 것만으로도 심신이 저려옵니다. 기념 사진을 남기고 위쪽으로 올라가 석골폭포 위에서 내려다 보아도 하얀 물줄기가 소리를 지르며 미끄럼을 타고 있습니다. 석골사를 지나는데 대나무로 만든 원추형 통발과 나무 인형 피노키오가 무슨 힘든 일을 했는지 노랑색 의자에 앉아 쉬고 있습니다. 해바라기는 늦잠을 좋아하는지 고개를 숙이고 있고 어릴적 옆집 누나가 손톱에 물들이는 빨강 주홍 봉선화도 피어 있고 파랑 수국화가 소복이 피어 있습니다. 수국화가 파랑 나비가 되어 수 없이 훨훨 운문산으로 날아갑니다.

파랑 수국 나비 따라 산속으로~

얼른 저 나비떼를 따라가야 겠습니다.

자갈길 숲을 걸으며 운문산 속으로 점점 우리는 작아집니다. 거대한 바위를 작대기가 받치고 있는 곳에서 함께 오이와 복숭아를 먹으며 잠시 휴식을 합니다. 운문산 3.8km 상운암 계곡 물소리를 들으며 건너 숲으로 들어가 올라가며 치마 바위도 보고 이어서 로프를 잡고 한 걸음 한 걸음 올라서니 겹겹이 산세가 맞물린 살진 숲이 내려다보입니다.

가슴이 후련한 쉼을 하고 수면 위로 올랐다 내려가듯이 다시 숲속으로 들어갑니다.

운문산까지는 2.9km 갈림길입니다. 우리는 운문산으로 해서 왼쪽 딱밭재길로 내려와야 한다고 산행 대장님이 주시를 합니다.

여러 갈래 바위를 타고 쏟아져 내려오는 계곡 물소리 물속 조약돌이 훤히 들여다 보입니다. 계곡을 건너 어디로 갈까?.. 된비알쪽이맞다고 오르막 길을 이리저리 오르며 자연의 물소리 새 소리 바람 소리가 교향곡(심포니)이 되어 가슴 깊이 들려 옵니다. 잡념도 피로도 걸음의 무게도 다 달아나 없습니다.(모차르트 교향곡 40번 추천) 숲길과 밧줄을 잡고 올라가 정구지 바위에서 여유를 가져봅니다. 바위가 생선을 닮았네요. 11시 40분. 땀을 흘리며 얼굴들이 볼그스레 합니다. 한 차례 초록색 단풍잎이 뒤집어 지는 바람이 지나가며 땀을 닦아 줍니다. 계곡 물소리가 모든 소리를 삼키고 있는 공터에 모여 자두와 노르웨이 초콜릿을 먹으며 휴식을 하고 다시 출발합니다. 햇빛이 나뭇잎 사이로 내려와 단풍잎과 대나뭇잎을 더욱 초록 빛깔로 만들어 놓은 숲속 길을 깊숙히 걸어봅니다. 이끼낀 너럭바위 사이로는 여전히 콸콸콸 시원한 물이 빨리도 달립니다. 초록 단풍잎 별 모양이 박혀 있는 파란 하늘도 보며 걸음은 멈추지 않습니다. 뾰족한 돌길과 가파른 오르막길 목침 오르막 길도 걸어지나 갑니다. 그리고 우리가 도착 한 곳은 돌탑이 쌓인 지역입니다. 아래로 조망해 보니 계곡을 따라 엄청 올라와 있음에 대견함을 맛봅니다. 산 능선들이 펼쳐있고 흰 구름, 파란 하늘을 보니 고진감래를 실감합니다.

다시 산을 오릅니다. 그런데 저 앞쪽에서 "야! 시원하다. 냉장고 바람이다." 하는 목소리가 들려 옵니다. 낙차 되는 바위 계곡에서 엄청시원한 바람이 불고 있어 팔을 벌리고 느껴봅니다. 좀 더 쉬었다 가면 좋겠네요. 계곡물 바람을 감고 대나무 숲을 지나 고목에 핀 하얀 버섯도 보며 올라갑니다. 저 위에 쉬고들 있네요. 후미 우리 몇 사람을 기다리고 있습니다. 만두와 미국산 초콜릿도 함께 먹습니다. 우리는 아래에서 캐나다 초콜릿도 먹었는데... 또 출발 합니다. 한 차례 나뭇가지를 뒤집는 바람이 지나갑니다. 조금만 더 올라가면 상운암이라 합니다. 거기서 점심을 먹자 합니다. 오르막 길목에 석골사에서 날아온 파랑 나비가 다시 수국화가 되어 피어 있습니다. 상운암 입구 샘물이 엄청 차가워 연거푸 두 바가지 마시고 물통에 물을 채웠습니다. 상운암에서 내려다 보이는 웅장한 산들과 산능선들이 절경입니다.

이 아름다움을 볼 수 있는 것에 무한한 감사를 하게 됩니다. 저 산들을 설경으로 상상해보아도 비경입니다 이 광경을 보며 측량할 수 없는 하나님의 지혜와 지식에 부유함과 능력을 조금이나마 볼 수 있는 시간입니다.

둘러앉아 정원섭 회장님 감사 기도 후 산해진미를 배 불리 먹습니다. 어찌나 맛이 있는지... 오후 1시 23분. 텃밭 주위에 검은 가마솥이 걸려 있고 장작 패는 도끼가 보입니다.

최 집사님 장작을 쳐 봅니다만 물을 먹어 쩍 벌어지지 않습니다. 이제 정상으로 향합니다.

구름의 문이 열리는 운문산~

목침 길을 하나하나 밟으며 올라갑니다.

운문산까지는 0.3km "여기도 한 줄기에 나리꽃이 두 송이 피었네요" 여유를 부려 보는데 "자 갑시다." 산대장님 재촉을 합니다.

나리꽃에 작은 개미 다리가 움직이는 것이 참 신기합니다. 이름 모르는 하얀 꽃을 보며 드디어 1,188m 운문산 정상에 도착합니다.

오후 2시 40분. 산 아래로 산 능선이 한눈에 들어오고 하양 내촌 마을과 빙둘러 천황산 가지산 억산 실혜산 백운산들이 어깨를 하고 솟아 있습니다. 새처럼 공중에 떠서 내려다 보듯하는 부감법으로 감상합니다.

금강산 처럼 높고 넓고 일만 이천봉 되는 것도 부감법으로 그립니다. 수학적 원리를 이용한 서양화의 원근법으로는 그릴 수 없습니다. 구름의 문이란 운문산 답게 하늘이 구름으로 가득 합니다. 거센 바람이 구름의 문을 열기 시작 합니다. 머리카락이 날려 산발이 됩니다. 구름의 빠른 이동이 눈에 다 보입니다. 먹구름 뭉게구름 하얀 솜털 구름이 차례로 물러가며 파란 하늘이 조금씩 보이고 있습니다. 일명 호거산이라 하는데 산세가 호랑이가 웅크리고 있다고해서 호거산이라 산행 대장님이 설명해 줍니다.

운문사쪽 복호산은 호랑이가 엎드린 형세입니다. "jjj 파이팅" 모두들 스틱을 하늘로 세우며 정상을 마무리하고 올라오던 길로 하산 합니다. 오후 2시 55분. 오후 햇살에 시원한 바람이 불어옵니다. 내려오다 어느 조망하는 곳에서 기암괴석과 암봉 거대한 산들의 경치에 마음의 줄을 놓고 말았습니다. 내려가다 위험 구간을 만납니다. 밧줄을 잡고 조심하며 여자분들이 한 사람씩 내려 갑니다. 유격 훈련장 같습니다. 내려간 사람은 성취감의 기쁨에 올려다 보고 내려갈 사람은 바짝 긴장이 됩니다. 남자 차례입니다. "남자들 실수하면 쪽팔리니까 보지 말고 내려가세요" 하산 길은 바람이 많이 도와 줍니다. 숲길을 걷다 잠시 휴식, 딱밭재까지는 0.5km 내려가는 길이 수월해 후다닥 달려 봅니다. 오전에 말했던 딱밭재삼거리에 도착해 올라 오던 길로 내려갑니다.

내려가며 보는 경치도 또한 새롭게 다가옵니다. 얼른 저 계곡물에 들어가야 겠습니다.

오후 5시 3분 차디찬 물속으로 발을 담구자 반짝이는 물거품 방울이 소리를 지르며 사정없이 모든 피로와 땀을 일시에 쓸고 갑니다.

굉장히 시원하고 속이 저려와 오래 담구고 있을 수 없습니다. 그런데 알탕까지... 작은 폭포속에 들어간 분은 최고의 시원함을 느끼고 있습니다. 이제 정리를 하고 내려갑니다.

운문산 5.1km 북암산 4.1km 문바위 3.1km 억산 2.97km 수리봉 1.6km 이정표가 있는데 이곳에서 다 가 볼수 있네요. 그림자가 길어지는 오후 6시 16분 모두 하산 후 언양으로 달립니다. 백미러로 멀어지는 산을 뒤로하고 가지산 터널을 통과하여 언양에 도착합니다. 최용관 집사님을 만나 식당으로 이동하여 함께 밀면을 먹으며 운문산 산행을 종료합니다. 운전해 주신 세 분 추진한 박진우 총무님 함께한 모든분들께 즐거운 산행 감사합니다. 오늘 밤에는 운문산 물소리 바람 소리를 들으며 깊은 잠을 잘 것 같습니다.

함께한 분 : 김문생 집사, 김성로 권사, 정원섭 집사, 최광식 집사, 박찬익 장로, 구명옥 권사, 강성숙 집사, 이은자 집사, 박영심 집사, 이해경 집사, 서향숙 집사, 박진우 집사

석골교–석골사–상운암–운문산–딱밭재–석골사–석골교

육백산. 이끼폭포 (강원도 도계 1,244m)

강원도 삼척시 도계읍 황조리/ 무건리 있는산
응봉산, 도화산, 백병산, 두리봉 등 주위에 높은산들이...

이끼를 타고 흘러내리는 신비한 풍경의 폭포

2015년 8월14일 금요일(임시공휴일) 맑음

강원도 삼척시 도계읍 오지에 있는 육백산과 무건리에 있는 이끼 폭포를 보러 오전 6시 10분 부산에서 산악회 버스를 타고 출발합니다. 강원도 첩첩산중의 오지 산행을 한다고 생각하니 사랑하는 사람을 만나러 가는 마음처럼 설레입니다. 아침 일찍 일어나서 그런지 피곤함이 눈꺼풀을 닫습니다.

버스는 신나게 달려 망양 휴게소에 도착, 잠시 쉬었다 갑니다. 오전 9시 21분. 휴게소 전망대로 나가 바닷바람에 실려 오는 바다 내음을 맡으며 아침잠을 깨워 봅니다. 아래로 내려다보이는 동해의 잔잔한 물결이 백사장으로 밀려와 물그림자를 남기고 있습니다. 동해를 보며 아침 백사장을 걷는 연인도 있습니다. 다시 출발하여 산을 돌고 돌아 오전 10시 55분 강원대학교 도계 캠퍼스에 도착 모두 하차를 합니다. 산 중턱에서 내려다보니 온통 싱싱한 초록빛 세상입니다.

학교 내 도로를 따라 올라가 산으로 입산이 시작됩니다. 쭉쭉 뻗은 아름드리 소나무들이 빼곡히 살고 있는 숲속 길을 걸어봅니다. 몇일 전 비가 와서 오르막길이 제법 미끄러워 용 쓰느라 벌써 땀을 흘리는 일행이 있습니다. 어! 근데 앞에 맨발로 산을 오르는 사람이 있습니다. 위험 할 텐데... "괜찮습니까?" "아...예, 벌써 10년이 넘은 걸요" 하며 먼저 가라며 길을 터 줍니다. 솔 향기를 맡으며 걸어갑니다. 앞서간 사람들이 쉬면서 얼음 과일을 먹고 가라며 권유해서 하나 먹어 보니 입 안이 시원합니다. 땀을 먹은 축축한 수건을 목에 걸치고 수십 미터 되는 전나무 숲길을 걷는데 청정 지역이라 심장이 소생하며 심신이 맑아지는 기분이 듭니다. 이곳에는 어떤 것을 이상적으로 여기는 생각이나 추구하는 가치와 준수한 규범도 생각나지 않고 나 자신이 그저 자연의 일부가 되어 함께 호흡하며 공존할 뿐입니다. 걸어가다 큰임도 사거리에서 직진하여 올라갑니다.

삼거리에서 우측 육백산으로 가는길 역시나 거목들의 정원입니다. 팔을 벌려 안아보면 장수의 어깨를 안듯이 묵직함이 다가옵니다.

길을 덮은 숲을 지나 조 600석을 뿌려도 될만 하다는 육백산 정상에 도착합니다.

12시 8분. 사방이 나무들로 가려 있습니다. 산세를 볼 수 있는 조망이 없어 아쉽네요.

오던 길로 내려와 삼거리에서 우측 용봉산 방향으로 걷습니다.

기찻길처럼 풀이 양옆으로 자라고 양옆 늘씬한 나무들이 숲을 이루고 있습니다. 나무들의 숨소리를 들으며 끝 지점에 이르자 큰 임도가 나타납니다.

우측으로 내려가는데 고지대에 이런 큰 평길이 있을 줄이야... 산책하는 기분이 듭니다. 내려가다 아닌 것 같아, 시그널이 많이 걸려 있는 산길로 들어갑니다. 계속 갔다면 엉뚱한 방향으로 가 알바를 할 뻔했습니다.

후미 8명과 지도를 확인하며 숲길을 걷습니다. 오늘 코스는 강원대학교 도계 캠퍼스-육백산 -임도 갈림길 우측 응봉산 방향-1,120봉-핏대봉 삼거리-이끼폭포-소재말-삼도하업소-주차장. 확인 합니다.

나무와 나무 사이가 빈틈없이 보일 정도로 나무들이 많은 숲입니다. 녹음이 짙은 이 숲에 빠져듭니다. 저기 여러 갈래의 큰 가지를 뻗은 나무가 장군목인가? 오후 1시 9분 우리는 이곳에 자리를 마련하고 둘러앉아 점심을 맛있게 먹습니다. 행복님이 살얼음 연어를 가져와 맛있게 먹습니다. 모두들 넉넉하게 먹은 후 일어섭니다. 숲을 빠져나와 벌목된 민둥산을 내려가 임도를 만나 걸어가다 삼거리에서 어느 쪽으로 가야하나? 여기서 길을 잘못 선택하면 엉뚱한 곳으로 가는 것 같습니다. 직진 방향으로 나뭇가지에 수많은 시그널이 매달려 있는 것을 보니 이

방향이 맞는것 같아 산으로 오르기 시작합니다. 오르막이 있으면 수월한 내리막이 있죠... 오지 산 숲의 심장으로 점점 들어가 봅니다. 쓰러진 고목에 나무를 감고 올라간 넝쿨을 스쳐 지나가며 1,120m 봉 지점에 도착하여 배낭을 내리고 시원한 바람을 맞이해 봅니다. 후미 팀에게 위치를 연락한 후 다시 숲을 걷습니다. 기차가 긴 어두운 터널을 지나가듯 산세도 보이지 않는 밀림 속을 달려 갑니다. 어느 지점 인지 여기서부터 산안개가 피어올라 앞이 제대로 보이질 않고 멀리서는 우르릉 꽈꽝... 하는 천둥 소리가 들려 금방

소나기가 쏟아 질 것 같습니다.

걸음이 빨라지고 우중에 길을 잃을 수도 있어 후미 팀에게 힘들더라도 쉬지 말고 계속 오라고 연락을 합니다. 빗방울이 떨어지기 시작하여 베낭커버를 하고 우산을 펴 쓰고 산행을 합니다. 지난번 거망산 우중 산행의 경험이 생각나 쉬지 않고 걷습니다. 천둥소리가 가까이 들려 더 빠른 걸음이 됩니다.

비가 그쳐 주기를 바라며 올라 938봉에 이르자 비도 따라오다 지쳤나 소강상태로 접어드는데 내리막길이 상당히 미끄러워 거북이 걸음이 되고 있습니다. 갯벌 바닷게처럼 옆걸음으로 천천히 내려갑니다.

소나기는 그치고 산중 오지 어느 폐가에 이르자 햇빛이 구름 사이로 내려옵니다.

오솔길 아래 보라색 도라지꽃 밭을 보며 후미 팀을 기다립니다. 청정 지역이라 앞산 소나무 가지까지 선명히 보이고있습니다.

후미와 만나 싸리나무가 있는 산 비탈길을 돌아 내려가면서 앞에 펼쳐진 첩첩산의 산세를 구경합니다. 건너편 산 중턱에는 띄엄띄엄 몇 가구의 조그만 지붕만 보이고 있습니다. 이 오지에 사람이 살고 있습니다.

밤중에 무섭지는 않을까? 눈보라가 몰아치는 깊은 겨울에는 눈으로 고립 될텐데...

비탈길을 내려오니 원당님 어서 이끼폭포 구경하고 오라며 방향을 알려 줍니다. 오후 3시 57분. 사람들이 많이 찾아오는지 길이 조성되어 있고 로프도 설치되어 있습니다.

계단 길을 아래로 아래로 내려갑니다.

다시 올라 갈 때는 꽤 힘이들것 같습니다.

계속 내려갑니다. 그리고 눈 앞에 나타난 이끼폭포의 풍경이 환상적입니다. 수십여 갈래로 이끼 바위와 이끼를 타고 소리 없이 하얀 물보라가 흘러 내리고 있습니다.

태고의 신비한 청록 빛깔의 물이 고여 잔잔히 파문을 일으키고 있습니다. 가늘게 흘러 내려가며 이끼에 생명을 불어넣고 있습니다. 진초록의 이끼와 하얀 물 줄기를 바라보노라니 무아지경입니다. 맑은 물속은 얼음처럼 투명합니다. 손을 한번 넣어 볼까요?

엄청 시원합니다. 이끼폭포의 심장에 손을 넣는 심정입니다. 이 신비로운 자연을 고이 간직하여야겠습니다. 황홀경에 빠져 시간이 가는 줄 몰랐습니다. 다시 되돌아 올라갈 때는 예상 했던대로 힘이 듭니다. 산 중턱 길을 따라 첩첩산중을 내려갑니다. 숲 길을지나 내려가다 오지의 옥수수밭도 구경 합니다. 찰 강냉이가 먹고 싶어 집니다. 소재말로 내려오자 시멘트 도로가 나타납니다.

이곳에도 몇 가구가 모여 살고 있습니다.

좌측길로 내려가다 석회석 광산 5갱이 보여 입구로 들어가 보니 서늘한 바람이 나오고 있습니다. 안은 어두컴컴 하여 보이질 않고 더 들어가고 싶은 마음이 생기질 않네요.

몇 개의 갱을 지나 석회석 광산 회사를 지나 시멘트 길을 한참이나 내려갑니다. 올라오는 트럭이 지나가면서 뿌연 먼지를 날리고 있습니다. 후미 조와 함께 가느라 오후 6시 산악회 버스에 도착 승차를 합니다. 버스는 동해 방향으로 달려 모 식당에서 얼큰한 동태두부찌개로 저녁을 함께 먹으면서 산행 이야기를 나눕니다. 밥 맛이 좋습니다.

밤늦게 부산에 도착하여 귀가 합니다.

눈을 감으니 울창한 숲과 이끼폭포가 선명히 지나 갑니다. 깊고 푸른 밤 아니면 둥근 달이 훤히 밝게 비추는 밤이면 이끼폭포는 어떤 풍경을 하고 있을지 궁금해 집니다. 이끼 폭포를 생각하다 잠이 깊이 들었습니다.

강원대학교 도계캠퍼스–육백산–임도 갈림길 우측 응봉산방향–1,120봉–핏대봉삼거리–이끼폭포–소재말–임도–삼도광업소(사무소)–주차장

문복산 1,014.7m(청도/경주 1,014m) 학대산 963.5m

경북 청도군 운문면에 있는 산

물이 철철 넘치는 개살피계곡에 풍덩!

2015년 8월 29일 토요일. 흐림/맑음

무더위도 힘을 잃고 선선한 바람이 불어 귀뚜라미가 처서를 등에 업고 옵니다. 모기의 입이 삐뚤어진다는 처서가 지나자 이른 새벽 귀뚜라미 소리가 아침을 열어 줍니다. 조석으로 가을바람이 살랑살랑 불어오면 산초가루 내음이 나는 얼큰한 추어탕이 생각 납니다. 오늘 jjj회원 12명과 가을을 맞이하러 청도 운문면과 경주 산내면 경계에 있는 문복산으로 산행을 떠납니다. 오전 8시 교회 마당에 모인 우리는 김문생 산행 대장님 기도후 박찬익 장로님 운전으로 출발 합니다.

산을 찾아 떠나는 마음은 소풍을 가는 동심의 시절처럼 너무나 즐거운 시간입니다.

감자와 야채를 넣어 정성스럽게 준비한 식빵을 나누어 먹으며 경부고속도로를 질주하는 봉고차 안에서는 맞장구의 박수를 치며 박장대소하는 웃음꽃이 가득합니다. 열린 창문으로 이 웃음꽃이 바

람을 타고 초록빛 논에 벼들을 춤추게 합니다. 올 가을에는 알차게 영글어 황금물결의 결실이 있기를 기대해봅니다. "저! 주황색 작은 집들은 뭐죠?" "오리집으로 요즘 오리농법 하는 겁니다."

"예... 논의 잡초를 없애주고 논바닥을 옮겨 다니며 논에 있는 물을 혼탁하게 만들어 잡초들이 뿌리를 내리는 것을 어렵게 한다." 고 합니다. 봉고차는 있는 힘을 다해 산을 굽이굽이 돌아 오전 9시 15분 운문령에 도착 모두 하차를 합니다. 운문로 옆에는 이 지역에서 생산된 알이 견실한 포도와 윤기가 나는 햇밤을 팔고 있네요. 시식용 포도알을 먹어 보니 달고 맛이 있어 더 먹으라며 낯선 등산객에게도 권유합니다. 여기서 좌측으로 올라가면 가지산으로 가는 방향이고 우리는 우측길로 오르며 문복산 5.4km 이정표에서 단체 기념사진을 남깁니다. 봉고차는 언양에서 합류한 최용관 집사님이 운전해 하산 시 다시 오기로 하였습니다. 아침 햇살에 신선한 바람이 부는 숲속으로 걸어가는 발걸음이 가볍습니다. 풀잎도 아침 햇빛에 기운이 솟아 스치는 소리가 즐겁게 들려 옵니다. 상운산이 조망되는 곳을 지나 긴 의자가 되는 기이한 큰 소나무를 만나 오이를 함께 나누어 먹으며 쉬기도 하고 단체 기념사진도 찍고 다시 출발 합니다. 이 나무의 주인은? 우리는 걸으며 풀 내음과 피톤치드의 향기를 마시며 학대산과 문복산의 능선이 펼쳐진 것을 보고 미끄러운 내리막길을 내려와 사통팔방으로 꼬여 있는 신기한 거목의 소나무를 지나 촉촉한 흙길에 그늘진 숲을 걷는 것 만으로 심신이 새로워짐을 맛봅니다. 약간의 된비알 길을 오르며 진기한 버섯과 하얀 꽃 야생화도 구경 합니다.

흰 로프가 있는 구간까지 힘겹게 다 오르자 귀 뒤로 수고의 땀이 흐르고 있습니다. 문복능선 분기점 895봉 신원봉에 도착하여 좌측 길로 접어드는데 싱그러움의 덤불 숲으로 인해서 머리를 숙여 걸어야 합니다. 마음도 숙이며 겸허함을 생각해 봅니다. 그리고 내려가 한적한 공터에서 홍로 사과와 위스키 모양의 초코렛을 함께 나누어 먹으며 휴식을 합니다. "자 출발 합시다." 능선 숲길을 타며 걷는데 비비 꼬인 큰 소나무가 지나는 우리의 눈길을 잡고 있습니다. 돌길을 굽이 올라 963.5m 학대산 정상에 도착합니다. 날개미들이 엄청 주위에 날고 있어 접근 하기에 곤란하지만 인증샷을 남기자 목과 몇 군데가 따끔하네요. 저 멀리로는 영남 알프스 1,000m 급 막내 고헌산(1,034m)이 운무로 얼굴이 가려 있습니다. 능선 돌을 조심해 밟으며 전진하여 숲길을 갈아타며 산행의 묘한 아름다움을 가져봅니다. 원시림 속을 걷는 사람들이 공감하는 자연의 아름다움을 볼 수 있는 것에 감사하며 새 소리에 맞추어 환희의 휘파람을 한번 불어 보기도 해 봅니다.

걷다 여유로움을 갖고 함께 쉬며 냉커피를 마십니다. 그리고 숲길을 걸어 어느 조망 바위에 모여 보니 우리가 지나온 산 능선의 길이가 만만치 않음을 보며 여기까지 온 자부심의 긍지를 갖게 됩니다. 저 쪽이 백운산인가? 산 넘어 산이 겹겹이 둘러 있습니다.

돌길을 걸어 운문령에서 5.2km 이정표를 지나 문복산 1,014.7m 정상에 도착합니다.

오전 11시 52분. 오던 길로 조금 내려가 자리를 잡고 빙 둘러 앉아 박찬익 장로님 감사기도 후 푸짐한 음식으로 함께 맛있게 먹습니다. 우째 이리도 맛이 있는지 모두들 잘 드십니다. 커피와 과일을 먹은 후 정상으로 올라가 기념사진을 찍고 좌측길로 해서 개살피계곡으로 내려갑니다. 12시 40분. 삼계리까지는 4km 내려가는 길 또한 덤불 숲이라 허리를 숙이며 천천히 걸음을 옮겨 내려갑니다. 숲은 언제나 우리의 그늘입니다. 큰 숲이 되어 사람들에게 쉼과 평안과 기쁨을 주면 좋겠습니다. 내려가다 옆으로 자라 다시 수직으로 뻗은 큰 소나무에서 잠시 쉬었다가 후미 조와 만나 함께 내려갑니다. 내려가는 길에 미끄러운 돌들이 많아서 자기도 모르는 사이 잘못 밟아 넘어질 수도 있습니다. 가는 나무가 많은 구간도 지나고 나무 잎이 무성한 지역도 지나며 내려오다 큰 바위를 타고 쏜살같이 흘러내려 가는 물을 구경합니다. 개살피골 삼거리를 지나 내려가는데 폭포수가 물보라를 일으키며 어서 와 보라고 부르고 있습니다. 단숨에 달려가 봅니다. 시원하게 얼마나 빠르게 흘러내려 가는지 물살을 눈길로 따라 잡을수가 없습니다. 내려와 물이 고인 소가 깊고 푸른 밤처럼 시야에 들어옵니다. 청록의 물속은 얼마나 시원할까? 조금더 내려가다 또 한 골에서 폭포가 바위 사이로 소리를 지르며 낙차 하고 있습니다. 깎아진 돌길을 지나 가며 나뭇가지 사이로 보이는 두 갈래의 폭포도 구경합니다. 개살피계곡에 폭포가 한, 둘이 아닙니다. 걸어 대나무 숲 터널 넘어 우리 일행이 기다리고 있네요. 대나무숲을 통과하자 가슬갑사 유적지 표지석이 있습니다. 신라 화랑도들이 심신을 수련했던 발상지로 원광법사가 세속오계의 계율을 전수하여 후일 삼국통일의 바탕이 되었던 화랑들의 정신적 지주가 형성된 곳이라며 산행 대장님이 설명해 줍니다. 원광 법사는 신라 진평왕 11년(589년) 수나라에 다녀온 덕행이 높고 학식이 깊은 사람으로 알려진 인물 입니다.

세속오계는 사군이충:충성으로써 임금을 섬기는 것이요.

사친이효:효성으로써 부모를 섬기는 것이요.

교우이신:신의로써 벗을 사귀는 것이요.

임전무퇴:싸움터에 나가서 물러서지 않는 것이며

살생유택:생물을 가려서 죽이는 것이다.

그 당시 어떻게 수나라까지 갔다 왔는지?

개살피 계곡 물속에서 여름을 보내며~

내려가다 두 사람이 보이질 않는다하여 뛰어 올라가 만나 함께 내려갑니다. 너무 내렸갔나? 모두 다시 되돌아 올라가다 우측계곡으로 내려갑니다. 야! 시원한 소리를 내며 쏟아지는 폭포에 고인 소가 알탕 하기에 적소입니다. 맑고 살얼음처럼 차가운 물에 천천히 발을 담구어 봅니다. 벌써 입수한 분도 있구요. 조약돌이 빤히 보이는 풍부한 물에 한참이나 물속에서 여름을 보내고 가을을 맞이해 봅니다. 어! 시원하다. 굉장히 차갑네요. 물속에 들어오니 시원합니다. 바위와 나무숲이 어우러진 절경 속에 우리는 함께 있습니다.

아오리 사과를 함께 먹고 정리하여 아래로 계곡을 따라 내려가면서 또 다른 폭포를 구경합니다. 이끼 낀 바위도 지나고 도토리 열매도 구경하면서 내려와 계곡물에 이르자 2차 물놀이가 시작됩니다. 물장구치며 버들피리 불던 어린 시절로 돌아갑니다.

하얀 이에 행복의 웃음이 메아리칩니다.

오후 3시 53분. “자 내려갑시다.” 개살피계곡을 빠져나와 삼계리 마을에 오자 밤도 대추도 주렁주렁 달려 추석을 향해 익어가고 있습니다. 삼계리 노인 회관을 지나 도로옆 슈퍼 평상에 둘러앉아 윤정희님이 대접한 아이스크림을 감사히 먹으며 하산을 종료합니다. 4시 14분. 평상에 누워 평안함의 휴식을 가져봅니다. 최용관 집사님이 매장문도 닫고 봉고차를 운전해와 모두 타고 언양읍 반곡리에 있는 대궐 같은 식당에 도착해서 식사를 합니다. 산행 후라 잘 넘어갑니다. 이제 부산으로 귀가합니다. 문복산의 청정 개살피계곡의 매미 소리와 초록빛 숲 그리고 맑고 고운 물의 차가움과 폭포수 쏟아지는 투명의 하얀 물보라의 여운이 오래 지속될 것 같습니다.

산행 안내하신 김문생 산행 대장, 운전해 주신 최용관 집사, 박찬익 장로, 추진하신 박진우 총무, 다양한 음식을 준비해 오신 김성로 권사, 강성숙 집사, 이은자 집사, 구명옥 권사, 박영심 집사, 조해경 집사, 신혜경 집사, 윤정희님 감사드립니다.

운문령-신원봉-학대산-문복산-삼계리(마당바위)-가슬갑사견적지-개살피계곡-삼계리

주흘산2 - 주흘산 (경북 문경시 문경읍 1,106m)

경북 문경시 문경읍 북쪽에 위치한 산 1,106m
조령산, 탄항산, 포암산, 월악산과 더불어 소백산맥의 중심을 이루며 문경새재등 역사의 애환과 수많은 사연을 지닌 문경관문이 (제1.2.3 관문 및 성벽) 있으며 산세가 아름다운 산.

2016년 11월 26일 토요일 흐림/눈

하얀 첫눈이 함박꽃같이 내리는 날이면 백설위를 침묵으로 걷고 싶습니다. 걸으며 마음이 깊어지기를 소망해 봅니다.

붉은 단풍잎 위로 노랑 은행잎 위로 하얗게 내린 그런 길을 걷고 싶어집니다.

어린시절 장독대 위에 돌담 위에 소복이 쌓인 하얀 눈이 새벽 달빛에 눈부시게 반짝이던 설경을 잊을 수가 없습니다.

오늘 문경 주흘산에 첫눈이 내릴까? 오전 7시 37분 교회 로비에서 김문생 대장님 기도 후 우리를 태운 봉고는 찬 공기를 가르며 주흘산으로 질주합니다.

낙동강을 건너 중부내륙고속도로를 달리는 창밖으로는 추수가 끝난 들녘이 동면에 들어갔습니다. 오늘 여행을 떠나는 마음은 향긋한 노랑 국화향기입니다.

전봇대와 화왕산이 손살같이 멀어지고 지진에 흔들리듯 온몸이

들썩이는 와중에도 은하수님 멀미가 나서 머리를 숙이고 있습니다. 성주 휴게소에서 잠시 쉬었다 가야겠습니다.

"국정역사교과서 때문에 피곤 하시져"

조크에 모두들 "하하하" 멀미 안녕...

김천을 지나 문경에 들어서자 낙타 등 모양의 주흘산이 보이고 "묻지도 따지지도 마시고 직진" 하라는 카카오 내비음성이 들려옵니다.

문경새재 도립공원 주차장에 도착해 모두 하차 합니다. 금새 초겨울 냉기가 온몸을 휘감아버립니다. 오전 10시 34분 문경새재는 새도 날아서 넘기힘든 고개라 하고 선비와 관리 보부상 등 길손들의 애환과 사연이 서린 곳입니다. 또한 경상도선비들이 과거시험을 보기 위해 한양으로 향하던 중요한 통로였고 임진왜란 당시 관문 하나 없이 무방비로 충주까지 왜군을 통과시켰던 곳으로 임진왜란 이후 주흘관 조곡관 조령관의 세 관문이 생겼습니다.

제1관문(주흘관) 제2관문(조곡관) 제3관문(조령관)까지는 6.5km 입니다.

문경새재 옛길보존기념비에서 단체 기념사진을 남기고 발걸음을 옮깁니다.

여궁폭포로~

우측 옛길 박물관 기와 건물을 보니 우리 선조들의 예술혼이 느껴집니다.

오늘 코스는 주차장-제1관문-여궁폭포-주흘산-영봉-계곡-제2관문-주차장.

설명을 듣고 제1관문으로 향합니다.

어! 추워... 손이 시리다하여 겨울 장갑을 주고 걸어갑니다. 제1관문(주흘관)은 숙종 34년(1780년) 제2관문(조곡관) 1594년 임진왜란후 충주 사람 신충원이 이곳에 성을 쌓은 것이 시초가 되었고 세 관문 중 맨 처음 세워졌고 제3관문(조령관)은 숙종때 북적을 막기위하여 소백산맥을 넘는 험로 중의 하나인 조령에 산성을 쌓았는데 이것이 조령관입니다. 임진왜란 때 신립은 적의 진로를 차단함에 있어 험준한 조령을 막지 않고 충북 충주 탄금대에서 왜병을 맞아 싸우다 패하고 말았습니다. 배수진을 치고 기마병으로 승리하리라 생각한 것 같습니다.

제1관문은 전쟁을 치를 만큼 넓은 평지에 산을 배경으로 막고 있습니다.

장수의 깃발은 없고 용의 그림이 그려진 황색, 흰색 깃발이 성을 지키고 있습니다.

관우가 적토마를 타고 청룡언월도를 휘두르며 조조의 다섯 관문을 통과하여 유비가 있는 하북으로 가는 삼국지의 드라마 장면이 떠오릅니다. 이순신 제독 명검에 이런 문구가 있습니다. 한 자루에는 (삼척서천 산하동색:석 자 칼에 맹세하니 산과 강이 떨고), 다른 한 자루에는 (일휘소탕 혈염산하:한 번 휘둘러 쓸어 버리니 피가 강산을 물들이도다)

과거처럼 새작(간자.첩자.밀정.간첩)을 색출하는 검문도 없이 자유롭게 제1관문을 통과하여 우측(여궁폭포 0.8km. 혜국사 2.0km. 대궐터 3.0km. 주흘산 4.5km) 방향으로 갑니다. "영봉은 겨울철 위험해서 갈 수가 없습니다." 도립공원 직원의 말에 오늘 코스에서 영봉을 빼니 12.5km가 됩니다.

고요한 전나무 가로수 길을 걸어 올라갑니다. 날씨가 추운지 날아다니는 새도 없습니다.

주흘산은 엄동설한을 위해 월동준비로 갈색스웨터를 입고 있습니다. 낙엽이 동동 떠 있는 곡층골을 따라 올라갑니다. 얼음이 언 곳도 지나갑니다. 20m 높이의 바위 사이로 낙차하는 여궁폭포에 도착합니다. 거의 이런 폭포에는 수정같이 맑은 물에 선녀들이 구름타고 내려와 목욕을 했다는 전설이 있습니다. 엄동설한 깊고 푸른 밤에만 내려오기 때문에 아무도 선녀를 볼 수 없습니다. 잠복해 있다가는 동사 되던지 졸고있는 사이에... 짐승의 거쳐인 듯 뻥 뚫린 거목을 지나 오른쪽 오르막길을 올라갑니다.

이제 슬슬 땀의 온기가 피어오릅니다. 겉옷을 벗어 베낭에 넣습니다. 나뭇잎이 다 떨어져 낙엽이 쌓인 길을 걷습니다. 바람이 불어도 요동치 않을 만큼 붙어 있습니다. 계곡물도 속절없이 흘러버린 세월을 아쉬워하며 어디론가 흘러갑니다.

아치형 다리 위에서 단체 기념을 찍고 너덜 길을 올라가 혜국사 입구에서 함께 휴식을 합니다. 서너명이 앉을수 있는 큰 나무에서 한 컷! 오전 11시 52분.

첫 눈을 맞으며~

"자 출발하입시더" 쭉쭉 뻗은 소나무 군락지를 경유하여 잔가지가 많은 숲을 지나갑니다.

하늘은 잿빛 하늘에 눈이 올 날씨입니다.

"저기!" "대궐샘이 있네요 물 좀 마시고 좀 쉬었다 계단 올라가입시다."

얼음처럼 차가운 물이 식도를 타고 내려갑니다. 여름에 오면 완전 푸른 숲 터널 데크계단입니다. "우리 세면서 오르자" 몇 계단이나 될까? 다들 셈을 하면서 오르기 시작합니다.

200...350...좀 쉬고 560...또 좀 쉬고...끝난 지점에 도착해 각자 확인해 봅니다.

803. 906. 900... "나는 두 손으로 세었는데"

하하하 누가 맞을까요? 설치한 분에게 물어보아야 겠습니다. 셈을 하느라고 힘든 피로도 다 잊어버립니다. 계단의 여왕이 탄생했습니다.(김성로 권사님) 정상까지는 조금만 가면 됩니다. 영하의 추운 날씨에도 도토리가 껍질사이로 새순이 나와 뿌리를 내리고 있습니다.

역동하는 자연의 신비함을 봅니다. 데크길 따라 정상으로 가는데 앞에서 "와!~~눈이다. 첫눈!~~" 하는 환희의 소리가 들려옵니다. 그러고 보니 데크 나무 기둥에 하얀별 모양의 첫눈이 살포시 앉아 있습니다.

오른쪽 뾰죽 솟은 꼬깔봉의 갈색 주름 산세에 하얀 눈발이 뿌려져 내리고 있습니다.

모두들 감탄의 기쁨이 눈 만큼이나 쏟아져 나옵니다. 살얼음 위에도 하얀 함박꽃이 피었습니다. 오후 1시 25분 정상에 도착합니다.

주흘산은 조령산 월악산등과 더불어 소백산맥의 중심을 이루고 주변으로 황학산 백화산 탄향산 운달산 대미산이 멋지게 산세를 형성하고 있습니다. 정상에 서니 문경의 의연한 주봉처럼 능선이 뻗어 있고 문경시내가 훤히 내려다보입니다. 정상은 오래 머물 수 없는 곳...

단체 기념을 남기고 되돌아 내려가다 제2관문 4,100m 이정표 우측 방향으로 내려갑니다.

"저기가 좋겠습니다." "점심 먹고 갑시다."

함께 둘러앉아서 감사 기도 후 맛있게 먹습니다. 추운 날씨 가운데는 역시 뜨끈한 국물이 있는 컵라면이 따봉입니다.

이제 꽃밭서덜 방향으로 내려갑니다. 흰 눈이 날리며 차가운 기온에 조금씩 쌓이기 시작합니다. 점점 흰 바위도 만들고 흰 길도 만들어 주고 있습니다.

낙엽도 덮고 베낭에도 머리에도 하얗게 내립니다. 천천히 걸음을 옮깁니다. 흐르는 물소리가 경쾌하게 들려옵니다.

주흘산(주봉 1,730m) 제2관문(2,400m) 주흘산(영봉1,100m) 삼거리 이정표를 지나자 눈이 더 세차게 펄펄 날리고 있습니다.

해발 615m 꽃밭서덜에 도착합니다. 너덜의 사투리로 너덜은 암석지대를 말합니다. 누가 저렇게 정성스럽게 돌탑을 쌓으며 무슨 소원을 기도했을까?

주흘산을 오를때는 갈색 가을이었는데 하산 때는 하얀 겨울이 되었습니다.

눈꽃 송이가 점점 커집니다. 조곡골 흐르는 물도 하얗게 덮을 것 같습니다.

대나무 잎에도 설탕처럼 내려있습니다.

앞으로 얼마나 더 이 아름다운 산을 오를 수 있을까? 소녀가 된

세 사람의 환한 미소가 보입니다. 우리는 눈위에 JJJ. 2016. 11. 26 흔적을 남기고 떠납니다.

계곡도 건너고 돌 다리도 밟으며 그렇게 첫 눈 설경을 걷습니다. 하얀 인도를 따라 내려갑니다. 바위에 흘러 얼어붙은 고드름을 만나고서야 걸음을 멈추게 합니다.

고드름 고드름 수정 고드름 고드름 따다가 발을 엮어서 각시방 영창에 달아 놓아요.

제2관문에 도착합니다. 영남에서 서울로 통하는 가장 중요한 통로였던 문경 조령의 중간에 위치한 제2관문입니다. 척 보기만 해도 주변이 오르기 힘든 아주 험준한 산지에 전략적 요충이며 천연 요새 입니다.

가장 아름다운 옛길 걷다~

여기서 제1관문 까지는 3km. 제1관문에서 제3관문까지 한국관광 100선 중 가장 아름다운 옛길 1위로 뽑힌 길입니다.

이 길을 함께 걸어 내려갑니다. 울창한 가로수에 부드러운 황토길 입니다. 지금은 눈이 내려 하얀 길을 걷습니다. 폭포수와 물레방아도 지나고 꾸구리 바위를 담은 물이 너무나 깨끗합니다. 멀리 산마루에서 안개가 피어 오르고 길 옆에는 이런 문구가 있습니다.

"결코 짧지 않은 세월이었어 인생이 찰나와 같은 줄 알면서도 왜 그리 욕심을 부렸을꼬? 허허허 이렇게 덧없이 가는 것을..." (궁예의 마지막 독백)

성경에는 "욕심이 잉태한 즉 죄를 낳고 죄가 장성한 즉 사망을 낳느니라. 야고보서 1:15"

욕심은 탐하는 마음입니다. 한번 욕심에 빠지면 점점 더 욕심이 커지고 결국 죄를 짓게 되고 죽음에 이르게 됩니다.

사람들과 더불어 사랑 가운데 삶의 의미를 찾고 보석같은 영롱한 기쁨을 나누어야 겠습니다. 오래된 목조 건물을 보며 지나갑니다. 조선시대 임금으로부터 명을 받은 신.구 경상감사가 업무를 인계 인수하던 교인처로 교귀정이란 건물이네요.

조금 더 내려가니 돌담으로 쌓여 있는 조령원터가 있습니다. "여기가 말 조련 숙소입니다."

강영석 내 고향 해설가가 위트 합니다.

고려와 조선조 공용으로 출장하는 관리들에게 숙식의 편의를 제공하기 위한 공익시설 입니다. 안으로 들어가 봅니다. "저기 저... 말숙소 이네요"

길게 쭉 나온 직사각형 지름틀 바위도 지나 오전에 통과했던 제1관문을 빠져나갑니다.

황토길이 백설로 변신해 있습니다.

전쟁에서 승리한 기분이 듭니다. 오후 5시 6분.

선비와 보부상 길손 그리고 수많은 사람들의 애환과 사연 아름다운 추억의 발걸음이 있는 문경새재 옛길이 관문과 함께 멀어집니다.

역사와 멋진 산수의 풍경을 간직한 주흘산 춘하추동 사계절 따라 또 오고 싶어집니다.

주차장 근처 식당에서 함께 저녁을 먹으면서 주흘산 산행을 종료합니다.

우리를 태운 봉고는 어두움을 밝히며 부산으로 달립니다.

오늘 밤 꿈속에서는 하얀 눈길을 걷고 있을 겁니다.

리딩해 주신 김문생 대장, 운전해 주신 김봉용 집사, 저녁을 대접해 주신 강영석 집사, 점심 음식을 준비해 주신 김성로 권사, 강성숙, 서향숙 권사, 조해경 집사 함께 산행해서 즐거웠습니다.

꽃밭서덜 : 수많은 돌탑이 쌓여있는곳으로 서덜은 너덜의 사투리 돌탑 위와 돌탑 사이사이 소복하게 쌓인 새하얀 눈의 풍경이 운치를 더해줌

팔영산 (고흥, 609m)

**전남 고흥군 점안면에 있는 산으로 8개의 봉우리로 이루어져 있으며 산세가 험하고 기암괴석이 많다.
본 이름은 팔전산으로 정상에 오르면 다도해 해상국립공원의 절경이 일품임.**

2016년 10월 22일 토요일 흐림/ 맑음

고흥은 소백산맥의 한 지맥이 바다에 가라앉아 생긴 고흥반도와 유인도 무인도로 이루어진 곳입니다. 동쪽은 순천만 서쪽은 보성만 남쪽은 다도해가 있습니다. 그리고 전국 최고로 자랑하는 유자 생산량과 재배면적이 있는 유자의 고장입니다. 하늘이 내린 선물로 평가받는 유자는 비타민C가 귤의 3배이고 구연산이 풍부하여 피로회복과 감기에 특효로 알려져 있습니다. 울긋불긋 단풍과 함께 유자의 노란빛깔이 물결치는 고흥, 이 고흥의 진산 팔영산으로 산행을 갑니다.

팔영산은 호남정맥 고흥지맥에서 동쪽으로 있는 고흥의 최고봉입니다. (해발 609m) 다도해 해상국립공원 팔영산지구로 옛날 8개 봉의 그림자가 한양까지 드리웠다 하여 팔영산이라 합니다.

팔영산은 바위 봉우리의 조망미와 암릉타는 즐거움이 있고 거기에다 제1봉에서 제8봉으로 가는 내내 보이는 다도해의 은빛 실루

엣은 장관 그 자체입니다.

오늘 우리는 (jjj) 능가사 주차장-팔영산장 삼거리-흔들바위-1봉-2봉-3봉-4봉-5봉-6봉-7봉-8봉-깃대봉-8봉-능가사 주차장 코스로 함께 걷기로 합니다. 8.5km 오전 7시 30분 교회 로비에서 노인상 장로님 기도 후 고흥 팔영산으로 출발합니다.

잿빛 하늘이 금방이라도 눈물을 흘릴 것 같습니다. 하늘이 온통 잿빛 도화지입니다. 그 도화지에 심산유곡의 물 흐르는 한국화가 보이기도 하고 때로는 마당을 쓴 빗자루 자국의 그림이 보입니다. 하늘은 눈부신 하얀 구름이 뭉게뭉게 피어나는 유화도 그리고 강물처럼 휘감아 도는 은하수와 별빛이 반짝이는 그림도 보여주기도 합니다.

하늘은 변화무쌍한 우주의 공간입니다.

강영석 집사님의 낙동강 자전거 여행기와 노인상 장로님의 검은 대륙의 적도 아래에서 만년설로 빛나는 아프리카 대륙 최고봉인 킬리만자로(우후루 피크 정상 5,895m. 탄자니아) 산행기를 재미있게 듣다 보니 어느덧 함안 휴게소에 도착합니다.

따뜻한 커피와 간식을 먹고 있는 우리를 태운 노랑 봉고는 노란 가을 풍경 속으로 질주를 합니다. 타이어의 속도가 발바닥에 전해옵니다. 창밖으로는 황금 물결치는 가을 들녘이 풍요롭습니다. 가을은 빨강 저고리에 노랑 주름치마를 입었습니다.

어린시절 알알이 영글어 고개 숙인 벼를 추수하여 탈곡기에 대고 와랑~와랑~ 소리내어 탈곡하면 마당 망석에 수북이 쌓입니다. 보는 것 만으로도 마음이 넉넉해집니다.

그 햅쌀로 지은 밥을 보면 반지르르 기름이 흐르고 찰지며 먹으면 솔솔 넘어가는게 너무나 맛이 있었습니다. 부한 것도 가난한 것도 모르고 쌀밥 한 그릇에 행복해했습니다.

호롱불빛 아래서 짚으로 새끼를 꼬고 강냉이도 까다 누가 업어가도 모를 깊은 단잠에 빠져들었습니다. 코스모스 하늘하늘 피어있는 길을 걷습니다 "해가 중천에 떴다." "학교 가야제" 할머니의 음성에 그만 눈을 비빕니다.

전봇대도 휙 지나가고 예배당 쌍 십자가도 멀어집니다. 추수를 기다리는 논도 끝난 논도 순식간에 뒤로 달아납니다.

"저 앞을 보세요" "저게 팔봉산입니다."

대장님이 가리키는 곳을 보니 가을 들녘 저 멀리 공룡능선처럼 돌출된 8개의 봉우리의 팔영산이 보입니다. 호남 4대 사찰 중 하나인 고흥 팔영산 능가사를 지나(지리산 화엄사. 순천 조계산 송광사. 해남 두륜산 대흥사) 주차장에 도착 모두 하차합니다. 오전 10시 50분. 능가사는 신라 눌지왕 4년(420년)에 창건했다는 참으로 오래된 사찰입니다. 팔영산 배경으로 기념을 담고 팔영 산장 삼거리에서 좌측길로 들머리가 시작됩니다.

평평한 숲길 옆 초록 풀잎에는 아침 이슬이 흐르고 있습니다. 잿빛 하늘이 열리고 따스한 햇살이 내려옵니다.

바위 사이 물 고인 곳도 지나고 간혹 붉게 물든 나무도 보며 낙엽을 밟기도 하며 걷습니다. 노랑, 연두, 초록을 점찍어 놓은 숲도 걷고 올라가 흔들바위에 도착 모두 휴식을 합니다.

어! 여걸 한 분이 저 큰 바위를 흔들어 보고 있습니다. 오전 11시 37분. 이제 오르막 길입니다. 나뭇잎도 높은 곳에서 아래로 내려와 있습니다. 껍질도 보고 안에 있는 것도 보아야겠습니다.

빨간 단풍이 숲속에 있는 것이 눈에 들어옵니다. 오르막 길을 오를수록 노랑 숲이 우거져 우리도 노랗게 물들어갑니다.

"저 위가 1봉입니다." "뒤로 돌아 경치 함보세요." 칼 바위 사이로 오르다 뒤를 돌아봅니다. 수많은 산봉우리들과 섬 바다가 보이고 저 아래로 능가사와 들녘의 경치가 아름답게 펼쳐져 있습니다. 바위 사이로 올라가 좌측 제1봉에 올라섭니다. 사방이 막힘이 없는 절경에 환희가 빨간 단풍별처럼 쏟아져 퍼집니다. 선녀봉 너

머로 순천만 여수와 반대편 보성만 그리고 다도해상과 섬들 또한 해창만 황금들녘의 멋진 풍경이 다가옵니다.

모두들 하얀 이가 드러납니다. 제1봉 유영봉. (유달은 아니지만 공맹의 도 선비레라 유건은 썼지만 선비풍체 당당하여 선비의 그림자 닮아 유영봉 되었노라.)

오던 길로 내려가 2봉으로 향합니다. 철계단이 계속 이어진 구간입니다. 계단으로 올라가 올라오는 회원들의 모습을 남겨 놓습니다.

다들 신나게 잘 올라옵니다. 제2봉에 도착. 성주봉 (성스런 명산주인 산을 지킨 군주봉아 팔봉 지켜주는 부처같은 성인바위 팔영산 주인되신 성주봉이 여기로세.)

2봉(538m)에서의 조망도 천하일경 입니다. 우리 회원들 벌써 3봉으로 오르는 계단에서 손을 흔들고 있습니다. 어서 따라 붙어야겠습니다. 계단 난간을 양손으로 잡으며 조심조심 올라갑니다. 지나온 유영봉에는 아무도 없네요. 갈색으로 갈아입으려는 산과 은빛 바다와 들녘이 아울린 아름다운 풍경입니다.

제3봉 생황봉(564m). (열아홉 대나무통 관악기 모양새로 소리는 없지만 바위모양 생황이라 바람결 들어보세 아름다운 생황소리.) 선녀봉 넘어로 여수 바다가 보입니다. 가늘고 청아한 음색의 생황소리 바람결에 들리나 귀 기우려 봅니다. 바다와 섬을 보니 섬집아기가 생각이 듭니다.

"엄마가 섬 그늘에 굴 따러 가면 아기가 혼자 남아 집을 보다가 바다가 불러 주는 자장노래에 팔베고 스르르르 잠이 듭니다. 아기는 잠을 곤히 자고 있지만 갈매기 울음소리 맘이 설레어 다 못찬 굴바구니 머리에 이고 엄마는 모랫길을 달려옵니다."

4.5봉 너머로 6봉이 우뚝 솟아 어서 오라고 기다리고 있습니다. 돌과 나무 사이로 설치된 계단을 회원들이 오르고 있네요. 나뭇잎이 다 떨어진 늦가을 풍경입니다. "여기를 보세요" 서로를 보며 추억의 장면을 찍습니다. 또다시 내리막길 내려와 공 티듯 계단을 올라갑니다. 엄동설한을 함께 견디자며 나뭇가지가 서로를 잡고 있습니다.

제4봉에(578m) 올라서니 넓은 해창만 들녘이 훤히 눈에 들어옵니다. 사자봉. (동물의 왕자처럼 사자바위 군림하여 으르렁 소리치면 백수들이 엎드리듯 기묘한 절경속에 사자모양 갖췄구려.)

저편 선녀봉 자태와 능선이 매끄럽습니다.

건너편 5봉 정상에 도착한 우리 회원들이 두 팔을 들고 환호하고 있습니다. 자! 또 가봅시다. 돌계단을 오르고 오르지만 산행의 즐거움에 피로한 줄 모릅니다. 제5봉 오로봉. (다섯명 늙은 신선 별유천지 비인간이 도원이 어디메뇨 무릉이 여기로세 5신선 놀이터가 5로봉 아니더냐.)

신선들이 바둑을 두며 옆에서 훈수하느라 우리가 지나가는 것도 모릅니다. 산세가 맞물린 골짜기와 산봉우리 넘어 흰 교량과 적금도의 바다 풍광에 잠시 숨을 고릅니다. 이제 8봉 중 제일 험한 구간 6봉으로 올라갑니다. 가파른 바위 오르막 구간입니다. 난간과 바위를 잡고 천천히 걸음을 옮깁니다. 수직 바위가 하늘에 닿은 듯합니다. 거미처럼 바위에 붙어 오릅니다. 풀어진 구름 사이의 하늘이 더 높아 보입니다. 섬들과 바다는 일망무제입니다.

제6봉 두류봉에 올라서니 기분이 짱입니다. 두류봉(596m). (건곤이 맞닿는 곳 하늘문이 열렸으니 하늘길 어디 메뇨 통천문이 여기로다. 두류봉 오르면 천국으로 통하노라.) 하늘을 보니 엘리야가 탄 불수레가 보고 싶어집니다. 하늘에 무엇인가 지나간 흔적이 남아 있습니다.

급경사 내리막 계단을 내려가 숲속으로 들어갑니다. 칠성봉까지는 0.17km.자리를 잡고 점심을 먹기로 합니다. 가을 낙엽을 방석삼아 둘러앉아 대장님 감사기도 후 점심을 맛있게 먹습니다. 오후 1시 21분. 베낭을 정리하고 주상절리를 지나 통천문을 통과합니다. 제7봉 칠성봉(598m). (북극성 축을 삼아 하루도 열두 때를 북두칠성 자루 돌아 천만년을 한결같이 일곱 개 별자리 돌고 도는 칠성바위.)

다도해 해상국립공원을 보며~

밤이면 이곳에서 밝은 별들의 향연을 보게 될 것 같습니다. 어. 내려가고 있네요. 계단을 내려가 숲을 지나 다시 너럭바위를 타고 올라갑니다. 억새가 바위틈에서 보고 있습니다. 층층바위를 휘감아 돌아 걸어가 제8봉 적취봉(591m)에 도착합니다. (물총새 파란색 병풍처럼 첩첩하며 초목의 그림자 푸르름이 겹쳐 쌓여 꽃나무 가지 엮어 산봉우리 푸르구나.)

8봉에서 보는 다도해의 은빛 실루엣이 장관입니다. 선녀봉에서 8봉으로 이어져 있는 능선이 호랑이 등처럼 보입니다. 하늘이 푸르면 바다도 푸르고 하늘이 하얀빛이면 바다는 은빛입니다. 하늘이 붉으면 바다도 붉고 하늘이 노랑이면 바다도 노란바다 입니다. 이렇게 보는 것, 느끼는 것, 만지는 것, 듣는 것, 맛보는 것, 웃는 것, 그리고 사랑하는 것 등 우리가 매일 당연시 하는 것들이 진정 불가사의입니다. 우리에게 주어진 이 경이로운 선물들을 마음껏 감사해야겠습니다. 세상에서 가장 가치 있고 아름다운 것 사랑을 주신 하나님께 감사드립니다. 하나님은 사랑이심이라.

오감만족하는 벌교 꼬막~

이제 바위 능선을 타고 갈색으로 변한 깃대봉으로 향합니다. 평탄한 숲길 걷기에 편합니다.

깃대봉 609m 정상에서 다도해를 바라봅니다.

은빛 바다위로 나로대교가 실처럼 보이고 오목 볼록한 섬들의 풍경이 멋집니다. 깃대봉에서 팔영산 8개 봉우리를 배경으로 기념사진을 저장하고 8봉으로 돌아갑니다. 오후 2시 43분. 이정표에서 능가사 방향으로 내려갑니다. 제법 단풍도 들고 낙엽이 돌틈 사이로 모여있습니다. 편백나무숲 길을 걸어 점점 아래로 내려갑니다. 지름길을 이어서 내려가다 유리처럼 맑은 물이 흐르는 곳에서 손을 씻으며 잠시 여유를 가집니다. 물도 사랑한다고 말해주면 아름다운 결정체로 빛난다고 합니다.

주차장에 무사히 모두 하산하여 팔영산을 보면서 뿌듯한 감회와 환한 웃음을 웃습니다. 오후 4시 20분. 정리를 하고 벌교에 있는 식당으로 봉고는 달립니다. 꼬막정식으로 함께 식사를 하며 산행을 종료합니다.

꼬막 무침, 꼬막찜, 꼬막 된장, 꼬막.... 온통 꼬막요리 입니다.

(꼬막을 돌조개과에 속하는 조개, 연한 진흙질의 바닥에 생활)

어릴 때 굴뚝에 연기가 피어오르면 서둘러 집으로 가듯이 해는 서산 넘어가고 밤이 어두워지기 시작합니다. 오후 6시. 가족이 있는 포근하고 따뜻한 가정으로 달리는 봉고 안에서 철없던 시절의 이야기를 듣다가 나도 모르게 눈이 감기고 머리가 숙여 집니다. 함께 산행해서 즐거웠습니다.

산행 리딩과 저녁을 내신 김문생 대장, 차량 경유를 제공해 주신 노인상 장로, 안전운전을 해 주신 김봉용 집사, 맛있는 음식과 간식을 준비해 주신 김성로 김정희 권사, 강성숙 집사, 따뜻한 커피를 사 주신 서향숙 집사, 유머로 즐겁게 해주신 강영석 집사

설악산

• 재약산
• 영축산
• 설악산
• 천황산
• 주왕산2

재약산 (1,108m)

경남 밀양시 단장면에 있는 산으로 영남 알프스 산중 드넓은 사자평 억새와 습지를 한 눈에 감상할수 있으며 억새능선 길은 가을 산행의 멋을 느낄수 있는 힐링 길이다. 또한 무지개가 걸리는 멋진 층층폭포가 있다.

2016년 9월 24일 토요일 맑음

가을걷이는 곡식을 거두기 위해 이삭이나 열매만을 따거나 줄기까지 베는 일과 이를 말린 다음 알곡을 내는 타작까지의 과정을 말합니다. 이 풍요로운 추수의 계절에 경남 밀양시 단장면에 있는 재약산으로 가을 산행을 떠납니다.

재약산은 산세가 수려하고 최고봉인 수미봉과 흑룡폭포, 층층폭포 그리고 억새 능선길이 환상적인 산입니다. 북쪽으로는 천황산(1189m), 남쪽으로 향로산(970m), 서쪽은 정각산(859.5m), 동쪽은 사자평 그리고 신불산이 둘러있는 산입니다. 청명한 가을 하늘과 시원한 바람이 가을을 무르익게 하는 아침에 jjj 회원들이 모여듭니다. 오전 8시 35분. 김문생 대장님 기도 후 김봉용 집사님 운전으로 출발합니다.

재약산 코스는 주암마을-추모-주계바위-전망바위-삼거리 쉼터-재약산-천황재-삼거리 쉼터-장수암-주암계곡-주암마을도 있지만, 우리는 표충사 주차장-흑룡폭포-층층폭포-고사리분교기점-재약산-천황재기점-내원암-표충사 주차장으로 합니다.

노랑 봉고는 거센 숨을 몰아쉬며 질주합니다.

강영석 집사님 미국 여행 갔다 온 사진을 구경하다 창밖을 보니 독수리 형상의 영축산이 점점 뒤로 작아집니다. 앞 좌석에서는 웃음소리가 커집니다. 봉고 속도 만큼이나 세월이 빠름을 봅니다. 오늘 밟을 땅도 자전과 공전으로 쉼 없이 돌고 달리지만 우리는 여유롭게 이야기도 하면서 동행하기로 합니다.

홍옥 과수원도 지나고 삼거 예배당 십자가도 멀어집니다. 코스모스길과 대추밭 마을을 지나 표충사 주차장에 도착 합니다.

옆에는 청춘남녀들이 산행 준비를 하고 있습니다. 시간의 흐름에 잃을 것이 없어 보이는 위풍당당한 모습들이 아름답습니다.

푸른 하늘 아래 재약산 봉우리가 높이 솟아 있습니다.

오전 10시 13분. 재약산, 천황산 등산 안내 지도를 보며 설명을 듣고 산행이 시작됩니다.

홍제교를 건너 일주문 우측 방향으로 갑니다.

층층폭포로 고~

아침 햇살에 선명한 그림자가 따라옵니다.

임도 옆 계곡에서는 흐르는 물소리와 눈부신 은빛 물살이 어디론가 일찍이 여행을 떠납니다. 잠에서 깨어난 나뭇잎도 아침 햇살을 받아 밝은 연두색으로 반짝이고 있습니다. 조약돌이 선명히 보이

는 개울도 건너며 신선한 아침 공기가 있는 숲을 걷는 발걸음이 가볍습니다. 높은 산이나 낮은 산이나 장엄한 산이나 작은 산이나 돌산이나 흙 산이나 산은 산입니다. 겸허한 마음으로 걸어야겠습니다.

또 한 개울 숲을 만났습니다. 이 숲은 아직도 고요한 아침입니다. 물이 차가운 유리 같습니다. 굴참나무 사이로 내려다보이는 계곡물은 활력 넘치는 삶을 향한 자연의 소리로 들립니다. 이제 된비알 오르막길을 올라갑니다. 한 걸음 한 걸음 땅을 보고 걷지만 우리는 아름다운 숲속을 걷습니다.

봄 같은 이 가을이 좀 있노라면 빨강, 노랑으로 옷을 갈아입고 우리를 기다릴 것 같습니다.

"어!~" 우렁찬 물소리가 들려옵니다. 발걸음이 빨라집니다. "와!~" 사람이 접근할 수 없는 깊은 계곡 사이로 장대한 폭포수가 거침없이 쏟아져 내려갑니다. 폭포수 중간에 소가 두 군데 보입니다. 저곳에 누가 가는지, 밤에 흑룡이 내려오는가? 저 폭포수 아래 좌정하여 무념에 잠기고 싶어집니다.

" 자 갑시다." 흑룡폭포를 지나 오르막 돌길을 힘겹게 올라가자면 산마루와 하늘이 보입니다. 길옆 구절초에는 작은 곤충이 아침 밥을 먹고 있네요. 방해될까 봐 조용히 지납니다.

흔들흔들 출렁다리를 건너 무명 폭포에서 잠시 함께 휴식을 합니다. 폭포수 아래 고인 물이 데칼코마니입니다.

은하수님 시원한 물에 머리를 입수하네요.

"출발합니다." 또 오르막길이네요. 옆에는 거대한 암벽입니다. 힘겹게 다 올라왔나 싶은데 이번엔 데크계단이 우리를 안내합니다.

9월의 초록색 단풍잎이 하늘을 가리고 있습니다. "와!~, 아!~." 먼저 간 일행들의 감탄사가 들려옵니다. "뒤 돌아보세요." 출렁다리를 배경 삼아 한 컷 하고 층층폭포로 내려가 봅니다.

높이 약 20m의 3단층 폭포수가 시원하게 쏟아져 내려옵니다.

밤하늘을 가로지르는 별들의 강인 은하수가 파란 하늘에서 하얀 알갱이를 뿌리며 흘러 내려옵니다. 우리 일행은 폭포수 아래 쪼롬이 앉아 폭포수가 불어 주는 바람의 맛을 느끼고 있습니다.

은빛 은하수는 아래로 내려와 하얀 벚꽃이 되어 뿌려져 있습니다. 더 머물고 싶지만, 밤이 오기 전 우리는 길을 떠나야 합니다.

고난의 돌계단을 오르고 구절초가 핀 임도를 따라 올라갑니다. 재약산까지는 1.85km 단풍잎이 억수로 많은 숲속 지름길을 빠져나와 임도로 해서 억새 숲길로 접어듭니다.

저 앞산이 재약산입니다. 우리는 고사리 분교로 가 봅니다. 교적비에는 산동초등학교 사자평 분교 터(해발 812m). 1966년 4월 29일 개교하여 졸업생 36명을 배출하고, 1996년 3월 1일 폐교되었음.

1997년 3월 1일 경상남도 교육감 되어있습니다. 억새 지붕과 흙담 교실로 하늘 아래 가장 높은 학교였습니다.

한국전쟁 후, 도예공 후예들이 가혹한 한계의 땅을 화전하며 시작되어 마을이 생겼습니다.

억새평원에 함께 뛰놀던 친구들...

사자평 주위로 80여 가구가 살았다 합니다.

폭포수로 물장구치며 대 억새평원에서 뛰놀던 어린이들에게 꿈을 심어준 스승님은 어떤 분일까? 나를 위해 울어 주셨던 생물 여선생님이 생각 납니다.

지금은 건물도, 국기 게양대도, 철봉과 시소도 없는 공터가 되어 있습니다.

주변 나무들이 이곳에서 함께 웃었던 스승과 제자를 알고 있을 것입니다. 학교터에 구절초와 억새 너머로 재약산이 보입니다. 나무 그늘 아래 둘러앉아 박진우 총무님 기도 후 맛있는 점심을 먹습니다. 12시 59분.

100만 평의 사자평 노래가 전해집니다.

"산이 높아야 골도 깊으다 조그마한 여자 속이 얼마나 깊을쏘냐 외로운 이내 마음 억새에 담아주소 불어오는 바람 따라 나도 데려가 주소"

이제 재약산까지는 1.33km. 사람 키보다 큰 억새 사이를 지나고 산속으로 들어갑니다.

드넓은 사자평을 내려다보며...

달팽이 걸음의 여유를 가져 봅니다. 잘 정비된 데크계단을 지나면 정상이 보이려나. 적송이 뻗은 곳에서 잠시 휴식을 하면서 아래로 내려다 봅니다. 묵직한 산들과 깊은 골의 산세가 여실히 드러나 보입니다. 층층폭포 상류 지점이 눈에 들어옵니다. 사탕 하나씩 입에 넣고 다시 계단을 오릅니다.

연한 하늘색 계단이 끝이 안 보이네요. 엔젤님 걸음이 천근만근입니다. 도대체 계단은 어디서 멈추는가. 잠시 쉬면서 뒤를 돌아보니 사자평이 펼쳐져 있습니다. 소는 한 마리도 보이지 않네요. 저 높은 곳을 향하여 다시 계단을 오릅니다. 이 계단이 무려 천 개가 넘는다는 것을 정상에 가서야 듣게 됩니다.

올라갈수록 사자평이 더 넓게 보입니다.

푸른산길님 전망대에서 어서 오라고 손을 흔들고 있습니다. 저곳이 정상인가? 계단을 오르고 바위를 올라 재약산 정상에 도착합니다.

사자평 영축산 능선, 신불산 신불평원, 천황산 천황재, 향로산 정각산이 파노라마처럼 다가옵니다. 감개무량입니다. 오후 3시 1분. 사탕 하나씩 물고, 무릎 보호대를 단단히 하고 천황산 방향으로 내려갑니다.

바람에 춤추는 억새를 따라...

정상부근에는 가을 색입니다.

"뒤를 보세요. 억새가 바람에 흔들리는 것이 유화 붓으로 찍어 놓은 풍경화입니다." "저 너머 더 좋은 곳이 있습니다." 올라오는 산꾼들이 알려줍니다. 억새가 은빛으로 갈수록 가을은 깊어집니다. 그리고 우리들의 추억은 점점 쌓여갑니다.

억새 하늘길을 넘어가자 광활한 억새평원이 우리를 맞이합니다.

오후 햇살이 따뜻합니다. 억새에 누워도 될 듯 포근해 보입니다. 사진을 찍고 천황재에 도착합니다. 오후 3시 38분. 시원한 배와 땅콩을 간식으로 먹으며 휴식을 합니다. 비박하는 사람들이 텐트를 치고 가을밤을 억새와 보내려 합니다. 가을밤 하늘의 별들을 보면서 잠을 자겠지요. 그리고 일출을 보는 저분들의 환희의 모습이 상상됩니다.

여기서 내원암(표충사) 방향으로 하산합니다.(3.4km) 억새가 길을 덮어 앞이 보이지 않네요. 바람이 휘몰아치는 방향으로 유연하게 춤을 춥니다. 운무가 있는 날이면 운무 따라 슬며시 다가옵니다.

밤이면 억새는 달빛을 받아 그 실루엣이 환상적입니다.

내리막길을 조심스럽게 내려갑니다. 세 사람이 길을 가면 반드시 그중에 나의 스승이 있다는 삼인행에서 오늘은 강 집사님이 스승입니다. 거목의 소나무를 지나고 점점 아래로 내려가며 우리는 세월이 흐를수록 종종 현실의 사물을 잊어버리는 경험을 이야기합니다. 했던 이야기를 한 줄도 모르고 또 하고 들었던 이야기, 또 들어주는 마음의 동역자가 필요하다고 합니다. 마음이 푸른 사람 마음이 따뜻한 사람을 이야기합니다. 삶의 여정에 좋은 친구들입니다. 배려와 존중하는 편안한 동행을 합니다.

무릎이 안 좋아 뒤로 내려오기도 하며, 참고 참으며 내려오다 무릎에 통증을 느끼는 아내를 본 푸른산길님이 아내를 업고 내려갑니다.

아내는 남편이 넘어질까 '그만 되었다' 라고 염려하는 부부의 아름다운 모습을 봅니다.

내원암에 도착 표충사까지는 500m 함께 내려오는 우리는 이제 다 왔다며 기뻐합니다.

무사히 모두 하산하여 근처 식당에서 저녁을 먹고, 오후 6시 넘어 부산으로 귀가합니다.

오늘 밤에는 우리 은하가 반짝이는 층층폭포 수와 광활한 사자평을 꿈꿀 것 같습니다.

함께한 분 : 김문생 대장, 김성로 권사, 박찬익 장로, 이봉희 집사, 박진우 집사, 신혜경 집사, 강성숙 집사, 김영신 집사, 서향숙 집사, 강영석 집사, 김봉용 집사

영축산 1,081m(경남, 양산)

양산 하북면 울주 삼남읍에 속한 산으로 영남알프스에 속하며 취서산 영취산 이라고도한다.
취서산장(지산마을 만남의 광장-취서산장)라면,두부김치로 유명.
정상의 암봉이 독수리 부리처럼 생겼고 영취는 신령스러운 독수리가 살고 있다는 뜻을 담고 있다.

2013년 11월 16일 토요일

우여곡절 끝에 오늘은 아침 산행을 하게 되었습니다. 영남 알프스를 이루고 있는 영축산(1081m)에 올라 가을 속에 누워 보기로 하였습니다. 아침 7시 교회로 모여 양산시 배내골 장선리 입구로 자가용 3대가 출발을 하였습니다. 에덴밸리리조트를 지나 배내골로 들어서자 밤새 하얀 서리가 내려 있었습니다. 도로 양옆으로는 붉은 사과들이 얼마나 많이 매달려 있는지 요즘 이 골이 사과 농사를 많이 하나 봅니다. 배내천 산 쪽으로는 이색적인 건축의 펜션들로 줄줄이 이어져 있어 마치 외국을 여행하는 기분이었습니다. 배 모양의 파레소 유스호스텔 옆길로 쭉 들어가 산림문화휴양관 입구에 주차하였습니다. 산행에 앞서 노인상 장로님의 기도 후 김문생 집사님의 산행 안전 준비 운동을 모두 따라 하였습니다. 무릎 올려 두 손으로 상체로 당기기와 발목 잡고 뒤로 돌려 서기는 중심을 잡기가 쉽지 않았습니다. 매표소에 정원섭 집사님이 출입 사용료를

지급하고서 김문생 산행 대장님 지도를 배부하며 오늘 코스를 설명하였습니다. 청시골-신불재-아리랑릿지-영축산-청수좌골-하산 하기로 하였습니다.

산 아래는 아직도 이른 시간이라 하얀 입김이 오늘의 추위를 알려 주었습니다. 앞산 정상의 1/3만 아침 햇살이 산을 깨우고 있었습니다. 이제 산속으로 발걸음을 옮겼습니다. 아침 햇살이 나무와 나뭇잎 사이로 찾아와 찬 공기를 밀어내어 산행하기에 너무나 좋았습니다. 잠에서 깨어난 새들 소리와 계곡의 물 흐르는 소리로 마음에 평온함과 즐거움을 주었습니다. 때로는 대나무 숲을 지나며 밤새 내려앉은 낙엽을 밟으며 점점 가을 속으로 산은 안내를 하였습니다. 가족 이야기를 하고, 지난번 걸었던 산행의 추억도 함께 나누며, 우리 모두는 하나의 마음이 되어가고 있었습니다. "시몬 나무 잎새 져버린 숲으로 가자. 낙엽은 이끼와 돌과 오솔길을 덮고 있다. 시몬 너는 좋으냐? 낙엽 밟는 소리가" (낙엽:레미 드 구르몽)

"이른 아침에 잠에서 깨어 너를 바라볼 수 있다면 물안개 피는 강가에 서서 작은 미소로 너를 부르리 하루를 살아도 행복할 수 있다면 나는 그 길을 택하고 싶다." (사랑을 위하여:김종환) 산행을 하며 읊기도 하였습니다. 구불구불, 이리저리 오르며 여러 번의 대나무 숲과 돌길을 올라가 영축산 신불재 갈림길에 잠시 휴식을 하며 정정심 집사님이 손수 마련하신 삶은 계란을 같이 나누어 먹었습니다. 서울의 모 김 목사님의 기도 응답 사례를 산행 대장님이 소개하면서 '신실하신 하나님께 간절히 기도하면 응답받는다' 라고 하자 모두들 "아멘" 으로 화답하였습니다. 마지막 한 잎 남은 나무 아래서 기념사진 한 장. 오늘 처음 산행을 함께하신 김윤경님은 후미에서 아내(정정심 집사)를 격려하며 다른 분의 무거운? 배낭도 대신 져 주는 고마움도 있었습니다. 신불재 아래의 고무 계단을 오르며 뒤를 돌아보니 양옆 산의 경사가 맞물려 굽이굽이 저 멀리까지 있는 것을 보니 우리가 청시골 계곡을 따라 먼 거리를 올라온 것이었습니다. 그리고 그 넘어 넘어 산들이 아침을 맞이하고 있었습니다. 황백색의 억새들은 바람의 지휘에 따라 춤을 춥니다. 베토벤의 교향곡 5번. 운명 1악장에 맞추어 황갈색 억새들도 춤을 추었습니다. 신불재에 이르자 벌써 온 사람들로 여기저기에 정다운 모습이 보였습니다. 여기서 우리는 영축산 쪽으로 오르며 뒤를 돌아보니 지난번 걸었던 신불산 정상이 아스라이 보였습니다. 산 능선에는 나뭇잎은 다 떨어지고 이제 겨울잠을 준비하는 나무들이 서로서로 가지를 잡고 있었습니다. 찬 바람을 함께 이겨 내야 하니까요. 능선길은 돌길로 때로는 나무 디딤길로, 얼어 녹은 진흙길로 여러 가지 길을 걸어 보게 하였습니다. 그리고 저 아래로 아리랑릿지와 에베로릿지가 보였습니다. 영축산 일대의 암봉으로 난이도가 가장 높은 에베로릿지는 아무나 오를 수 없는 암봉입니다. 이런 암봉을 즐기는 사람도 있다니 대단합니다. 아리랑릿지는 바위봉들이 기차처럼 길게 늘어선 비경이었습니다. 암벽 등반 하는 코스지만 일반 등산객은 오를 수 없는 것 같습니다. 이제 영축산 정상이 보였습니다. 땅이 녹아 걸음이 무거웠습니다. 영축산 정상(1081m)은 기념사진 찍느라 바쁜 곳입니다. 저 멀리 재약산. 천황산이 이곳을 바라보고 있습니다. 영축산이 영남 알프스의 최고봉 가지산 형님에게 물어봅니다. "행님 그곳에도 많이 왔능교?" "억수로 왔다 아이가" 가지산이 대답하였습니다. 억새 속에 모여 앉아 김문생 집사님 기도 후 점심을 감사하며 맛있게 먹었습니다. 김윤경 님이 준비한 갈증 해소로 속이 시원하였습니다. 식사 후 김문생, 강성숙 집사님이 준비한 시 낭송 시간을 가졌습니다.

(아침기도:유안진), (가을엽서:안도현), (만추:김우희) 중 만추

"안개에 길들이 지워지고 들꽃을 피우던 저녁이 밤이 지워지고 사람 속의 사람이 지워지고 약속이 지워지고 옛날이 지워지고 쟁여논 그 많은 형용사들이 지워지고 지워져서 이제 가늘고 긴 목숨 하

나로만 남을 때 더 이상 무어라 말 할 수 없이 간단한 목숨인 때를 생이 꽃피다 만개하다 라고 햇볕에 내다 말리고 말린 창호지 같은 가슴 위에다 이슥고 나는 쓰네. 지워진 길 위에다 약속 위에다 그리네."

새로 오신 분 환영회로 각자 소개 후 하산을 시작하였습니다. 억새 숲길을 지나 아래로 내려갔습니다. 수많은 나무들도 시퍼렇게 무성했던 가을로 물 들었던 나뭇잎들을 낮은 곳으로 모두 내려놓았습니다. 셀 수 없이 많은 나뭇잎들이 길을 덮고 새로운 길을 열어 놓았습니다. 바스락바스락 우리들이 밟는 소리가 오늘 밤 꿈속에서도 들릴 것 같습니다. 내려놓는 아름다움이 여기에도 있었습니다. 계곡 물소리가 들리고 아래쪽으로 내려올수록 아직도 노랑, 연두 붉은 잎들이 햇빛에 더욱 진하게 보였습니다. 한차례 바람이 불어 주자, 수많은 나뭇잎들이 바람을 타고 내려오며 잘 가라고, 다시 오라고 인사를 하였습니다. 계곡에 이르자 물속의 돌들도 아주 선명하게 보이고 가을 하늘이 그 속에 보였습니다. 이 계곡이 청수좌골 인가 봅니다. 청수골 산장으로 내려와 무사히 오늘의 산행을 마무리하였습니다. 하나님의 은혜였습니다.

함께한 분 : 노인상 장로, 김정희 권사, 김문생 집사, 강성숙 집사, 정원섭 집사, 강영희 집사, 정정심 집사, 김윤경, 서향숙 집사

설악산 대청봉 1,708m (강원도. 속초, 양양, 인제)

강원도 양양군 서면 오색리에 있는 산으로 한라산, 지리산에 이어 세번째산. 공룡능선, 서부능선, 천불동계곡, 아야동계곡, 대승폭포, 용소폭포, 한계령. 미시령, 대청봉, 중청봉, 소청봉등 수없는 봉과 계곡이 많은 산.
정상은 일출과 낙조로 멋진 풍경을 감상하며 기상변화가 심하고 강한바람 낮은 온도로 눈잣나무군락이 낮게 자라는산임

2014년 9월 8일~9일 맑음

8일 추석 밤 9시. 동래 지하철역 3번 출구에서 승차한 백두산 투어 고속버스가 출발합니다. 덕천동에서 함께한 분들과 인사를 나누고 어두운 밤 속을 달리며 설악산으로 갑니다. 음료수와 지도가 배부되고 산행 대장님이 산행코스를 설명하였습니다.

A 코스. 오색–대청봉–중청–소청삼거리–희운각 대피소–공룡능선–마등령–오세암–영시암–백담사–용대리 주차장

B 코스. 오색–대청봉–중청–소청–봉정암–수렴동 계곡–영시암–백담사–용대리 주차장

C 코스. 오색–대청봉–중청–소청–봉정암–영시암–백담사–용대리 주차장

A 코스 12시간, B 코스 10시간, C 코스 8시간

A 코스로 가기로 가벼운 마음을 가졌습니다. 창밖의 밤은 어둡고 실내는 소등이 되어 잠이 든 사람들이 있습니다. 얼마 전부터

설악산에 대한 갈망을 늘 마음에 담고 있었는데 '이렇게 가게 되다니' 무척이나 기분이 좋습니다. 사람마다 최고의 산이라는 설악산은 강원도 속초시 양양군, 고성군, 인제군에 걸쳐진 한라산(1,950m), 지리산(1,915m)에 이어 남한에서 3번째 높은 산입니다. 대청봉(1,708m)을 비롯하여 700여 개 봉우리로 이어진 산을 보면 절로 감탄이 나옵니다.

한계령과 미시령을 경계선으로 동해 쪽은 외설악, 서쪽은 내설악이라고 합니다. 오색지구 쪽은 남설악이라고도 하구요. 외설악은 대청봉, 천불동계곡, 울산바위, 천금성, 비룡폭포, 두기암 절벽 등, 내설악은 백담 계곡, 수렴동 계곡, 백운동 계곡, 백담사, 봉정암 등 산세가 빼어납니다. 9월 하순부터 대청봉, 중청, 소청, 한계령, 공룡능선이 불게 타오르는데 이중 공룡능선은 설악 단풍산행의 으뜸이라고 합니다. 붉은색은 단풍나무, 벚나무, 배박달나무 등이 만들어내고 노란색은 물푸레나무, 피나무, 엄나무, 층층나무 등이 주황색 옷은 옻나무, 신갈

나무, 굴참나무, 떡갈나무 등이 만들어냅니다. 여기에 기암괴석이 어우러져 최고의 절경이 됩니다. 기암괴석, 암봉, 수려한 계곡, 폭포는 단풍으로 인산인해를 이루는 산입니다. 설악산은 설산, 설봉산, 설화산 이란 또 다른 이름처럼 겨울에도 인기가 많은 산입니다.

9일 새벽 2시 30분. 오색버스터미널 근처 주차장에서 뜨끈한 된장 시레기국밥을 한 그릇 하고 오색지구 설악산 국립공원 탐방지원 센터에 새벽 2시 50분에 하차하자 이미 미리 온 수백 명의 사람들이 줄을 서 대기하고 있었습니다. 이런 광경을 처음 본 나는 놀랐습니다. 이렇게 많이 올 줄이야 꿈에도 생각 못했습니다. 단풍철이 되면 수만 인파가 설악산에 온다니 그 명성이 실로 대단합니다. 새벽 3시가 되어 개방문이 열리자 떠밀려 들어갔습니다. 마치 큰 물살에 떠내려가듯이 산속으로 빠져들어 갔습니다. 이제 누가 누군지, 아군인지 적군인지, 남자인지 여자인지 모릅니다. 이마와 손의 랜턴 불빛만 보일 뿐입니다. 어두움 속에서 불빛이 계속 위로 이어져 보일 뿐입니다. 발걸음 소리와 스틱 소리 숨소리가 들립니다. 주위 경치는 전혀 보이지 않습니다. '어떤 풍경일까?' 궁금하기만 합니다. 랜턴에 비춰진 돌계단 길은 위로 위로 계속 이어져 있습니다. 앞 사람을 추월할 수 없습니다. 숨소리가 거칠어지지만 힘들어 하는 표정을 볼 수 없습니다. 시간도 잊은 체 앞 사람을 따라 걷고 또 걸을 뿐입니다. 땀도 나고 다리에 힘도 들어갑니다. 횃불을 들고 산중에 그 무엇인가를 찾는 무리들 풍경입니다. 발걸음 소리와 스틱 소리가 리듬을 타는 것 같습니다. 나무들과 숲과 계곡,

그리고 동물들과 새들이 곤히 잠들어 있으니 조용히 올라가야겠습니다. 어느 정도 걸었는지 길옆에 쉬는 사람, 함께 앉아서 물을 마시는 사람들이 자주 보이기 시작합니다. 가파른 오르막길이 사람들의 발걸음을 멈추게 하고 있습니다. 그 많던 사람들도 이제 한 줄로 올라가고 있습니다. 천천히 계속 올라가며 앞을 보니 랜턴 불빛이 반짝반짝 위로 올라가고 있습니다. 물 좀 마시고 가야겠습니다. 함께 타고 온 사람들은 보이지 않습니다. 땀이 아마에서 턱을 타고 아래로 떨어집니다.

검은 나무 사이로 저 멀리 하늘에 달이 랜턴처럼 빛나고 있지만, 이곳을 밝게 비추지는 않습니다. 물 흐르는 소리가 들려오고, 다리도 건너고, 오르막길을 올라갑니다. 점점 올라갈수록 앞에 가는 사람의 수가 줄어듭니다. 먼저 올라갔거나 뒤에 올라오고 있을 것입니다. 컨베이어에 과일이 라인을 타고 가면서 크기에 따라 빠지듯이 큰 것만 남은 것처럼 대청봉 오르는 길이 쉽지는 않습니다. 자만하지 말고 겸허히 한 걸음 한 걸음 걷습니다. 얼마나 남았는지도 모르겠습니다. 묵묵히 걷다 앞서가는 사람에게 "어디서 오셨습니까?" 물었더니 "서울에서 왔어요. 지난번 일출을 못 봐서 오늘 보려구요" "아~ 예" 이제 정상이 얼마 남지 않았다고 합니다. 주변이 서서히 보이기 시작합니다. 서쪽으로는 안개 낀 산봉우리 위로 보름달이 작게 떠 있습니다. 싸늘한 바람이 춥습니다. 손이 차가워집니다. 태양이 떠오르면 저 보름달은 또 다른 곳의 밤하늘에서 별들과 땅으로 내려갈 것입니다. 태양이 떠오르는 것이 아니라 지구가 자전하는 것인데, 우리들은 바다에서 산에서 솟아 오른다고 마음에 새겨져 있어 볼 때마다 새로운 다짐을 하곤 합니다. 대청봉 정상석에는 기념을 남기려면 차례를 기다려야 합니다. 겨우 한 컷 저장하고 주변 사람들과 일출을 보려고 기다렸습니다. “아빠 여기서 찍으면 돼?”, “파노라마처럼 찍어봐” 부녀간에 신이 난 대화가 들려 옵니다. 동해안 하늘 구름이 주황색으로 변해가고 있습니다. 찬 바람 때문에 일출 기다리는 시간이 길게 느껴집니다. 드디어 대청봉에서 선명한 일출에 모두가 환호하며 핸드폰과 카메라에 담기 시작합니다. 산 정상과 주변이 훤히 보이기 시작하고, 달은 이제 모습을 감추었습니다. 햇빛은 안개와 어두움을 점점 밀어내었습니다. 수많은 인파 속에 빨강 모자 총무님 일행을 만나 반가웠습니다.

‘여기까지 왔으니 공룡능선 코스로 가자’ 라고 하여 함께 가기로 하였습니다. 대청봉에서 중청 쪽으로 내려가 휴게실에서 좀 추스르고 걸었습니다. 이쪽은 아직도 자욱한 안개 속에 산봉우리들이 산세를 보여주고 있습니다. 그 위로는 하늘에 구름의 바다가 펼쳐져 띠를 이루고 있습니다. 하늘도 아침의 모습입니다.

소청봉(0.6km) 이정표를 지나가는데 능선 저 아래로 기암괴석 봉우리들이 햇빛을 받아 일어서고 있습니다. 또 다른 안개가 밀려와 모습을 감추어 버립니다. 소청(1550m) 이정표에서 희운각 대피소(1.3km) 방향으로 내려갔습니다. 내려가는 길은 그늘져 있고 한참 내려갑니다. 철계단을 지나고 돌길을 밟으며 아래로 아래로 내려가며 앞산을 보니 공룡능선의 거대한 능선이 기지개를 켜고 있습니다. 동해의 바닷물로 세수를 하고 맑은 아침을 엽니다. 꿈틀거리 저 능선을 타야 합니다.

진취적인 기상과 힘이 있어 보이는 공룡능선을 타고 백두산에 올라 만세를 불러야겠습니다. 희운각 대피소에 도착하니 여기저기에서 향긋한 커피에 김이 피어오르고 있습니다. 우리 일행도 잠시 서서 과일로 간식을 먹은 후 능선을 향하여 올라갑니다. 서서히 힘도 들고 걸음이 느려집니다. 바위를 잡고, 로프를 이용하며 걷습니다. 설악산 국립공원 경관 안내도에서 아래로 내려다보니 안개 바다입니다. 장군봉, 범봉, 유선대 경치를 볼 수 없네요. 바위가 모래와 뭉쳐져 형성되어 있습니다. 언제부터 이런 모습이었을까? 대자연의 신비함에 그저 감동입니다. 마등령(3.6km) 이정표를 지나 큰 바위 옆에서 떡, 배, 사과…등 간식을 함께 먹으면서 앉아 쉬었습니다. 빨강 모자에 선글라스를 낀 총무님은 산을 잘 탑니다. 오르면 또 내려갑니다. 거친 바위와 로프가 손을 잡아 줍니다. 기암들이 여러 형상으로 줄줄이 솟아, 아래로 나열해 있는 산세가 정말 아름답습니다. 건너편 산에는 아침 햇살이 안개를 걷어 내고 있습니다. 큰 바위를 돌아 다시 아랫길로 내려갑니다. 바위와 바위틈 사이에 하얀 꽃이 잠시나마 걸음을 멈추게 합니다. 기묘한 암 봉우리와 그 틈에서 살고 있는 소나무의 풍경이 병풍처럼 그려져 있습니다. 걷다가 "야! 단풍이다" 하는 소리에 모두 단풍나무를 보았습니다. 물감으로 찍은 듯이 색상이 곱습니다. 이제 단풍철이 되면 산 전체가 붉고, 노랑 경치에 입을 다물지 못할 것입니다. 저편엔

뾰족뾰족한 봉우리에 안개가 몰려가 모습을 감추고 있습니다. 멋진 소나무를 지나서 양팔을 벌려 돌과 로프를 잡고 올라가 아래로 내려다보니 저 아래 사람이 아주 작게 보입니다. 큰 바위가 하늘로 솟아 있는 풍경이 사람들의 눈길을 사로잡고 있습니다. 희운각(3.0km), 마등령(2.1km) 이정표 지점에서 배도 고프고 하여 함께 식사하였습니다. 땀도 흘리고, 배도 고픈 상태이기에 맛있게 저절로 넘어갑니다. 큰 바위가 떡시루처럼 층층이 하늘로 쌓여 있습니다. 능선 바위 옆길을 따라 걸어 올라갔습니다. 안개가 간간히 설악산의 절경을 가리기도 합니다. 이번에는 양손으로 로프를 잡고 올라갔습니다. 앞서가던 다른 산악회 사람들이 사진을 찍고 있어 올라서 보니 "야~!" 감탄이 절로 나옵니다. 기암괴석과 나무들이 조화롭게 능선을 형성하여 펼쳐져 있습니다.

날 수만 있다면 독수리처럼 한 번 날아서 설악산 전체를 보고 싶어집니다. 감상 후, 산길을 굽이 내려와 희운각 대피소(5.1km)인가? 삼거리 이정표에서 오세암 방향으로 내려갔습니다. 평범한 산길입니다. 숲이 우거진 사이로 높은 산세의 모양이 겹겹이 둘러쳐 있습니다. 발걸음은 계속 움직이고 나무들은 뒤로뒤로 멀어져 갔습니다. 오세암에 도착하여 물 한 모금 마시면서 일행을 기다려 영시암 쪽으로 내려갔습니다. 아름드리 큰 나무들이 많은 산입니다. 숲속에 빠져 걷는 우리의 모습도 바람에 흔들리는 녹색 나뭇잎처럼 느껴집니다. 내리막길이라 발걸음에 속력이 더해집니다. 숲속의 다람쥐도 나무를 타고 함께 내려가고 있습니다. 얼마나 내려왔을까?

앞서거니 뒤따르거니 때로는 이야기도 하면서 내려가다 잣대를 까는 사람을 만났습니다. '까서 산에 뿌려 주면 동물들이 먹기 좋다' 고 하면서요. 영시암에 도착하여 또 물 마시고 휴식 후 백담사를 향하여 걸어가는데 이쪽으로 올라오는 사람들도 많네요. 잠깐만요. 총무님이 손가락으로 방향을 알려 주는데 다람쥐가 무슨 열매를 까먹고 있습니다. 참 귀여워 보입니다. 식사에 방해가 되지 않도록 조용히 숨을 고르고 핸드폰에 담았습니다. 큰 나무들에 숲이 참 좋습니다. 계곡에 물 흐르는 소리가 들립니다. 다리를 건너오면서 오는 사람들과 인사도 나누었습니다. 철마에서 오신 분은 설악산 경치가 좋아 자주 온다며 백담사 근처에 가서 물에 들어가자고 합니다. 물이 깨끗하여 빨리 물에 발 좀 담그고 싶은데... 목마른 노루가 시냇물 찾듯 물을 만나기만 기다려야 합니다. 계곡에 쉬는 사람들이 보입니다. 백담사로 내려가는 수렴동 계곡은 점점 넓어져 있습니다. 하얀 빛깔의 돌들이 가득한 돌 계곡입니다. 조약돌이 계곡을 이루고 그 사이로 맑은 물이 흐릅니다.

양옆으로 소나무 숲과 큰 나무들로 채워져 있어 풍경이 참 좋습니다. 큰 바위에서 쏟아지는 작은 폭포는 보기만 해도 시원합니다. 수렴동 계곡 따라 테라스 길이 조성되어 있어 어느 가족들이 흐르는 물 풍경에 매료되어 이야기하면서 구경을 하고 있습니다. 수렴동 계곡을 둘러싼 산세가 오가는 사람들의 발걸음을 멈추게 하여 대자연의 아름다움을 만끽 시키고 있습니다. 깨끗한 물과 하얀 조약돌들 숲 넘어 기암 봉우리들을 이제 내려가 피로에 지친 발로 흐

르는 물에 담가야 하겠습니다. 백담사가 코앞에 보이는 곳에서 함께 쉬어 가기로 하였습니다.

아…! 시원하다. 얼마나 차가운지 오래 머물 수 없습니다. 우리 총무님은 아예 알탕이네요. 옷 입은 채로 물속에 누웠습니다. 돌들이 많은 곳에는 돌탑들이 엄청 많이 있습니다. 이 사람이 올려놓으면 또 다른 사람이 지나가다 올려놓습니다. 어떤 사람은 혼자서 돌탑을 쌓고 있습니다. 절 앞에 돌을 보면 그냥 막 쌓고 싶은가 봅니다. 돌탑 쌓기가 재미가 있는가 봅니다. 하나씩 꽤 높이 쌓은 돌탑도 있는데 바람이 불어도 넘어지지 않으니… 여유 있게 물속에서 피로를 풀고 우리는 백담사 경내로 들어갔습니다. 사람들이 많이들 구경 왔습니다. 흰 다리를 건너 셔틀버스 정류소에 갔는데 버스를 타기 위해 두 줄로 대기해 앉아 있습니다. 한 차에 30명 정원입니다. 백담사 쪽에 이렇게 사람들이 많이 올 줄이야… 한 차 보내고 다음 버스로 백담사 계곡을 따라 내려갔습니다. 걸어가기에는 먼 거리입니다. 올라오는 셔틀버스를 여러 대를 만났습니다. 용대리 주차장에 무사히 도착하였습니다. 오후 3시 넘어 어느 식당 앞에서 옥수수를 삶아 건져 내는데 김이 모락모락 나며 반들반들한 빛깔이 나는 알에 군침이 넘어갑니다. 사직동에서 오신 분이 캔 맥주를 사서 돌리네요. 딸이 산업은행에 다니는데 효녀라며 자랑스러워합니다. 식사가 준비된 식당으로 들어갔습니다. 황태구이가 참 맛이 있어 밥 두 그릇을 비웠습니다. 이제 부산으로 가야 합니다. 설악산 산행 여운이 오래 갈 것 같습니다. 다음에는 청불동 계곡 쪽으로 걸어 보아야 하겠습니다. 함께 하는 사람들의 산행으로 안전하게 내려왔습니다. 동래 지하철역 3번 출구에 도착하여 인사를 나누고 집에 잘 도착하였습니다. 오늘 밤 훤한 달을 보면서 저 달에 올라가 설악산을 내려다보아야 하겠습니다.

천황산. 사자봉 1,189m (경남 밀양)

밀양 단장면, 울주 상북면 이천리에 걸쳐있는산
산세가 정상부에 돌이 많은 산

2014년 11월 29일 토요일 맑음

현관문을 열고 나오니 푸른 하늘과 마당에 빨강 단풍잎이 수북이 쌓여 있습니다.

만추와 소설을 지났는데 여기는 아직도 가을인가 봅니다.

오전 9시. 교회 로비에 모인 우리는 오늘 백두에서 뻗어 내려온 대한의 등줄기가 솟구쳐 1000m급의 산 8개를 중심으로 거대한 산군을 형성하고 있는 영남 알프스 고헌산(1,032.8m), 가지산(1,240m), 간월산(1,083m), 신불산(1,208.9m), 영축산(1,081m), 천황산(1,189m), 재약산(1,108m), 운문산(1,188m), 고헌산(1,034m), 문복산(1,014.7m)으로 산행을 떠납니다. 억새평원, 울창한 나무들과 깊은 계곡, 기묘한 바위들이 서로 어우러져 어디를 가도 절경을 이뤄 사시사철 사람들의 발길이 끊이지 않는 영남 알프스가 기대됩니다. 봉고차에 모두 승차 후, 노인상 장로님 기도와 운전으로 출발을 합니다.

봉고차가 아침을 못 먹었는가? 힘이 없어 주유소에서 아침밥을 거뜬히 먹였습니다.

만덕을 지나 낙동대교를 지나는데 파란 하늘 담은 강물에 하얀 대교와 아파트 그리고 금정산의 잔영이 데칼코마니 작품이 되었습니다. 저 대교는 사장교로 주탑에 고정된 경사진 여러 개의 케이블이 교량을 직접 당기는 형식이고 현수교는 주 케이블을 주탑과 주탑 사이에 연결하고 수직의 행어 로프에 교량을 주 케이블 매다는 형식이라고 정원섭 걷기동호회 회장님이 설명해 줍니다. 사망에 대하여 소천, 별세, 타계, 선종, 돌아가셨다. 등의 여러 뜻에 관하여도 이야기를 나누었습니다.

주 앞에서는 우리가 우리 열조와 다름이 없이 나그네와 우거한 자라 세상에 있는 날이 그림자 같아서 머무름이 없나이다.(역대상 29:15)와 같이 이 땅에 영원히 머물수가 없습니다. 앞자리에는 이야기 오색 선물을 풀어놓은 구명옥 권사님의 아!-하하하 맑은 목소리가 들려 옵니다. 대구부산고속도로를 달리는 창밖 낙동강 물은 아침 물안개가 사라진 푸른 물이 고요히 흐르고 있습니다.

주변은 온통 갈색 세상입니다. 밀양 TG를 나와 표충사로 달립니다. 사과밭도 지나고 마을도 지나면서 뒷좌석에 앉은 우리는 몇 번씩이나 엉덩방아를 경험했습니다.

펜션도 지나고 교회 십자가도 뒤로 멀어집니다. 매표소에서 경로우대 무료 한 사람 외, 12명분 입장료를(3만 6천원) 지급하고 통과하여 주차장에 주차 후 모두 하차하였습니다. 눈부시도록 파란 하늘입니다. 소나무와 어우러진 매바위, 팔봉, 사자봉, 수미봉 갈색의 산이 우리를 맞이합니다. 김문생 산행 대장님을 따라 준비 체조를 한 후 산행이 시작됩니다. 오전 11시.

홍제교를 건너 일주문 왼쪽안내도에서 오늘 코스를 설명 듣습니다. 표충사-금강폭포-사자봉-수미봉-표충사-주차장 변동이 있을 수 있습니다.

입장료도 냈는데 구경하며 갑시다. 일주문을 통과하며 노 장로님 "나도 경로 우대라 할껄..." 에 모두 듣고 웃을 수 있음에 감사합니다. 새소리, 물소리, 바람 소리, 사랑의 소리, 마음의 소리, 심령의 소리를 들을 수 있으니 너무나 감사하게 됩니다.

새순이 나는 봄. 잎이 무성한 여름. 단풍의 가을에 볼 수 없었던 나무의 실가지가 가는 거미줄처럼 세밀하게 보이는 계절입니다.

어떻게 저 끝 실처럼 가는 가지에서 잎이 나오는지 신기합니다. 최광식 집사님 스틱으로 낙엽을 훨~ 훨~ 날려 보냅니다. 재미있어 보여 따라 해 봅니다. 구명옥 권사님은 "먼지 나요. 하하하" 라며 장난스럽게 말합니다. 초입 길은 평탄한 길입니다. 낙엽을 밟으며 산속으로 들어가자 이내 계곡 물소리가 들려와 기분이 좋습니다.

물은 차갑고 살얼음처럼 보입니다. 낙엽이 조약돌을 감싸고 있고 물의 돌들이 선명하게 보입니다. 올라가다 왼쪽 된비알 돌길을 만났습니다. 길 오른쪽으로는 하얀 물보라와 얼음별을 뿌리며 흘러가는 물소리를 들으며 점점 천황산 품속으로 들어갑니다. 귀 뒤로 땀이 흐르기 시작합니다. 분홍빛 작은 구슬 열매가 박영희, 신혜경 집사님을 잠시 휴식케 합니다. 기념사진. 데크길을 따라 올라갈수록 물소리가 크게 들려 옵니다. 미끄럼 바위를 신나게 타고 흘러가는 물이 폭포수에서는 하얀 알사탕을 뿌려 놓습니다. 금강 폭포수에 도착하여 구름다리를 배경으로 사진도 찍어 주며 풍경을 핸드폰에 저장하였습니다. 우리 일행도 다리 건너 단체 기념 장면을 남겼습니다. 오르막 데크계단을 오르고, 나무와 대나무 숲길을 한 걸음 한 걸음 걸으며 너무나도 파란 하늘에 자꾸 위를 쳐다보게 됩니다. 길에는 낙엽이 쌓여 바스락바스락 폭신합니다. 어! 저기 인고의 세월을 견디어 낸 큰 나무 아래 최광식 집사님이 쉬고 있습니다. 주위는 바위 군무입니다.

다시 가파른 산길로 접어들었습니다. 키 나지막한 대나무 숲과 나뭇잎, 다 떨어진 나뭇가지 사이로 천황산 사자봉이 보입니다.

금방 오를 것 같은 거리입니다. 반대편 산들의 능선은 겹겹이 파도를 치고 있습니다.

큰 소나무 아래 빙 둘러앉아 최광식 집사님 감사 기도 후 점심을 먹습니다. 오후 1시 20분.

닭가슴살, 야채 무침, 묵은 김치, 무에 여러 야채를 말아 먹는 음식. 꼬들빼기, 멸치볶음, 계란말이, 돈가스, 김밥 등과 밤, 과일 등 산해진미가 가득합니다. 맛있게 먹을 수 있음에 감사하였습니다. 따뜻한 커피로 후식을 하고 배낭을 지니 한결 가벼워 수월하게 오를 것 같습니다. "화이팅 하고 갑시다." "촌스럽게 요즘 하지 않습니다.” 출발 하기에 앞서 노창동 집사님 안전 산행에 대하여 조언을 해 줍니다. 멋진 소나무를 만난 곳에서는 기념사진도 찍으며 산행의 즐거움을 갖습니다. 오르막 길을 올라 뒤돌아보니 능선 계곡 사이 저 아래로 표충사 마당이 작게 보입니다. 우리가 엄청 많이 올라왔습니다. 재약산 수미봉도 여기서는 완만하게 보입니다. 근데 앞에 가던 강성숙 집사님의 VIP 윤정희님이 다리가 아프다며 멈추어 섰습니다. 왼쪽 무릎 위에 경련이 나서 걸을 수가 없다고 하며 고통스러워합니다. 앉게 하여 발가락을 제치고, 근육을 풀게 하여도 아프다며 어찌할 줄을 모릅니다. 강성숙 집사님 계속 마음을 안정시키려 이야기하고 있고, 김문생 산행 대장님에게 SOS(조난 산호 • • • --- • • •)

핸드폰이 안 터지네요. 이럴 때는 고함이 최고죠. 산행 대장님 “보입시다.” “어디? 여깁니까?” 원형 파스를 붙이며 심리적 안정을 줍니다. 붙이는 순간에도 “아야.. 아~아냐냐..” 소리에 나도 모르게 내 얼굴이 고통스러운 표정을 합니다. “좀 있으면 괜찮습니다.” 안심을 시키며 산행 대장님 앞서갑니다. 강성숙 집사님 기도하며 계속 대화로 통증을 밀어내고 있고 조금씩 천천히 걸어 올라갑니다. 윤정희님은 ‘미안하고 죄송하다.’ 며 ‘다시 내려가면 안되느냐?’ 고 합니다. 이거 큰일입니다. 내려가기에도 먼 길이고 여기서 주저 앉으면 낭패입니다. 진퇴양난이네요.

이번에는 오른쪽에 경련이 일어나 더 고통스러워합니다. 다시금 내려온 산행 대장님이 오른쪽에도 부쳐주며 ‘조금만 올라가면 정

상이니 힘을 내라. 괜찮아진다.' 라며 격려를 합니다. 나는 배낭을 대신 들고 강성숙 집사님과 옆에서 보조하였습니다. 윤정희님 자신 때문에 '민폐가 크고 미안하다.' 며 거듭 송구스러워합니다. 조금 더 가다가 통증 때문에 좀 쉬어 갑니다. 정상에 도착한 일행은 후미가 오지 않아 많은 염려를 하고 있었다고 합니다. 전에는 이런 일이 없었다고 합니다. 아마 오랜만에 산행을 해서 그런 것 같습니다.

올라가며 좀 쉬게 하여 산들을 배경으로 사진을 찍어 주며 통증으로부터 관심을 멀게 해 봅니다. 오후 3시 17분 천신만고 끝에 천황상 정상 사자봉(1189m)에 도착하자 모두 수고했다면서 격려와 칭찬의 박수로 맞이하였습니다. 김정희, 구명옥 권사님, 강성숙, 박영희, 신혜경 집사님들은 윤정희님 근육을 풀어주고 있습니다. 이 사랑의 향기가 사자봉 바람을 타고 멀리멀리 전해지기를 바래 봅니다. 정상석에서 환한 미소로 단체 기념 장면을 남겼습니다.

능동산, 고헌산, 가지산, 운문산, 억산, 재약산, 신불산, 간월산이 빙 둘러 모두 잘했다며 박수를 쳐 줍니다. 확 트인 경치가 너무나 좋습니다.

이제 재약산 쪽으로 하산입니다. 돌길과 데크계단이 길게 내리막으로 놓여 있습니다. 그 옆에는 기묘한 큰 바위산이 있고요, 저 아래로는 광활한 억새평원과 천황재 기점이 내려다보입니다. 내려가다 계단에 앉아 따뜻한 차 한 잔씩 마시며 억새 흔들리는 소리에 행복한 미소를 지어 봅니다. 저 앞 재약산 수미봉에 갈 수 없는 아쉬움도 가져 봅니다. 천황재 기점에는 밤하늘에 별을 보려는 사람들의 텐트가 쳐져 있습니다.

표충사 방향으로 하산입니다. 사람 키보다 높은 억새 숲길을 지나 내려갑니다. 은빛 찬란한 물결의 억새 모습은 아니지만 은빛 억새를 생각하며 은은하고 아름다운 인생을 살아야겠습니다. 내려가는 흙길이 좋습니다. 정원섭 집사님이 윤정희님의 배낭을 대신 지고 내려갑니다. 내려가는 도중에도 윤정희님이 통증이 와서 좀 쉬어 갈 때 모두 함께 동행하며 기다려 줍니다. 자신 때문에 늦게 내려가게 되었다며 미안해 합니다. 우리 모두는 안전하게 다같이 내려갈 수 있도록 힘이 되어 줍니다. 낙엽을 한없이 밟고 또, 철계단을 따라 내려갑니다. 서산으로 넘어가려는 햇빛이 나무와 나무들 사이로 시간을 알려 주고 있습니다. 얼마나 더 내려가야 할까? 거의 다 내려온 것 같은데도 아직 더 내려가야 합니다. 첩첩산중, 우리가 다 내려올 때 쯤 해는 산을 넘어 모습을 감추었습니다. 다행

입니다. 산도, 해도 우리의 안전을 도와주네요. 비상용 랜턴을 켜고 내려오다 일주문 근처에서 산행 대장님과 노창동 집사님 핸드폰 보조 등으로 위치를 비추어 모두 무사히 합류했습니다. 박진우 총무님의 인원 점검 수고가 많습니다. 오후 6시 넘어 노인상 장로님의 운전으로 열심히 달려 부산에 안전하게 도착하였습니다. 개인 사정이 있는 분은 가고, 구서동 모 식당에서 뜨끈한 꼬리곰탕을 정원섭 집사님 덕분에 모두 감사히 맛있게 먹었습니다. 오늘 함께 산행하신 모든 분께 감사드립니다.

함께한 분 : 김문생 집사, 노인상 장로, 최광식, 정원섭, 박진우, 노창동 집사, 김정희, 구명옥 권사, 강성숙, 박영희, 신혜경 집사, 윤정희

주왕산 주봉 720m (청송)

경북 청송군 주왕산면
낙동정맥의 중간에 위치한 산으로 주변의 산보다 높아 산세가 더욱
웅장하고 험준해 보이고 수려한 경관, 큰암봉이 협곡으로 이루어 절경임
절골계곡, 주왕계곡의 단풍은 가을 정취를 물씬 느끼게 하며 쌍폭포,
용폭포, 선녀폭포와 주왕산의 상징
수직절리 7개암봉도 멋짐. 가보는게 최고

2015년 11월 21일 토요일 흐림

입동이 지나면 김장을 해야 한다는 속담처럼 옛날에는 입동을 전후로 김장을 하고, 농가에서는 볏짚이나 건초로 겨우내 소먹이 장만을 하곤 하였습니다. 가을걷이 논에는 샘이나 도랑에서 미꾸라지를 잡아 얼큰한 추어탕을 끓여 먹기도 했습니다. 입동 후 5일씩 묶어서 물이 얼기 시작한다는 초후와 처음으로 땅이 얼어붙는다는 중후, 그리고 말후에는 꿩이 드물어 조개가 잡힌다고 하네요. 입동이 지나고 첫눈이 내린다는 소설이 다가오는 계절에 우리 jjj 회원 17명은 오늘 청송 주왕산으로 여행을 떠납니다.

여행은 언제나 솜 사탕처럼 달고 마음을 부풀게 합니다. 노인상 장로님의 기도 후에 봉고는 김봉용 집사님이 운전하고, 승용차는 유진형 집사님의 운전으로 출발을 합니다. 오전 7시.

양대콩이 박힌 따뜻한 백설기를 먹으며 창밖을 봅니다. 잿빛 하늘에 아직도 도시는 잠에서 깨어나지 않은 채 가로수 낙엽만이 달

리는 차 바람으로 한곳으로 몰려가고 있습니다. 신나게 질주하여 경주 휴게소에서 잠시 쉬었다가 갑니다. 신라 천년의 땅 들녘도 가을 추수가 끝나고 평온하기만 합니다.

한 분이 좀 늦네요. "일어나자 볼일 보고 이 시간쯤 또 봅니다." "떡 먹고 있습니더." 웃음을 안고서 포항으로 해서 31번 국도를 타고 죽장면을 통과합니다.

낙엽이 쌓인 가로수마다 가느다란 나뭇가지가 거미줄처럼 하늘로 뻗어 서로 의지하며 긴긴 추운 겨울을 보낼 월동 준비에 들어갑니다. 가지에는 새들의 집이 훤히 드러나 보입니다. 바람 불고 흔들리는 나뭇가지에 부리로 가지를 물어 집을 짓는 새의 지혜가 늘 궁금합니다. 평수도 다 다르네요. 추수가 끝난 논에는 하얀 볏짚들이 있는 갈색 풍경이 만추의 정취를 만끽하게 합니다. 온 천지가 빨간 사과로 주렁주렁 달렸던 사과나무도 수확이 끝나고 이제는 아지랑이가 피어오르는 봄을 기다리며 긴 겨울잠으로 들어갔습니다. 청송으로 가까이 오자, 운무가 산을 안으며 피어오르고 있네요. 초가집 굴뚝에서 아침밥 하는 연기의 풍경은 이제 볼 수 없는 아련한 추억이 되었습니다.

오전 9시 56분 주왕산 기암이 정면에 보이는 주왕산 버스터미널에 도착, 모두 하차를 합니다. 아침 찬 공기가 장갑을 끼게 합니다.

배낭과 스틱을 챙기고 단도리를 하여 줄줄이 출발합니다. 대전사로 가는 길, 오른쪽으로는 식당들로 맛있는 음식의 향기가 발걸음을 자주 멈추게 유혹하여 간식으로 사과, 배추전, 대추차를 마시며 걸어갑니다. 이러다간 늦다 싶어 "어서 가입시다." 라며 김밥, 옥수수 사러 간 유 집사님 부부를 데리고 대전사 마당에서 합류하여 단체 기념사진을 찍고 나와 갈림길에서 오늘 코스 설명을 듣고 우측 방향 주왕산 주봉으로 갑니다

대전사-주왕산-후리메기 기점-용연폭포-용추폭포-시루봉, 학소대-대전사 주산지입니다. 촉촉한 흙길을 따라 만추의 주왕산 속으로 들어갑니다. 갈색의 가을이 곁에 있음을 느끼며 데크계단을 오르고, 숲길을 걸어 전망대에 도착합니다. 10시 45분. 화산재가 쌓이고 끈적끈적하게 엉겨 붙어 굳어져 만들어졌다는 응결 응회암으로 이루어진 거대한 기암들이 하늘로 솟아 있고 왼쪽으로 장군봉 혈암, 오른쪽으로 연화봉 병풍바위, 급수대의 멋진 풍경이 펼쳐져 있습니다. 저 병풍바위와 급수대 사이 계곡으로 나중에 하산하게 됩니다. 휴식을 하며 기념사진을 남기고 모두 정상을 향해 올라

갑니다. 낙엽을 밟고 계단을 오르자 수고의 땀방울이 떨어집니다. 아무리 큰일이라도 그 첫 시작은 작은 일부터 된다고 하니 한걸음 한걸음 걸어 두 번째 전망대에 도착해서 멀리까지 산세의 풍경을 조망해 봅니다

이 아름다운 자연을 볼 수 있다는 것에 감사하게 됩니다. 다시 우리는 끝 없어 보이는 나무 계단을 굽이굽이 올라갑니다. '얼마나 더 올라가야 하지?' 나무뿌리가 훤히 보이고 바위 오름길을 오르자 겹겹의 산 능선이 물결치는 산세의 경치가 눈에 들어옵니다.

운무는 저 물결을 타며 하늘로 오르는가 봅니다. 암릉 바위도 지나고 오르막 가기 전 1960년대 소나무 송진 채취를 위해 소나무에 빗살무늬 모양의 상처가 난 흉물스러운 소나무를 만났습니다. 3년여 걸쳐 산림 자원화라는 명목으로 송진을 채취한 흔적입니다. 다행히 그 후, 국립공원으로 지정되어 채취는 없었지만 소나무들은 그때의 상처를 그대로 간직한 채 살아가고 있습니다.

오르막길을 올라 드디어 주왕산 주봉(720m) 정상에 도착합니다. 오전 11시 46분.

주왕산은 설악산, 월출산과 더불어 3대 암산으로 알려져 있고 산의 모습이 돌로 병풍을 친 것 같다 하여 석병산 이라고도 합니다.

기념사진과 휴식을 하고 "어디서 밥 먹을까요?", "좀 더 내려가 12시 되면 식사합시다." 능선 오솔길을 따라 걸어갑니다.

낙엽이 수북이 쌓인 주왕산의 경치가 단풍 못지않게 걷는 맛이 납니다. 가메봉(3.8km), 후리메기 삼거리(1.9km) 이정표에서 지

난번 걸었던 가메봉 쪽은 이제 통제 구간으로 되어있습니다. 후리메기 삼거리 방향으로 내려가다 적당한 평지에 둘러앉아 김문생 산행 대장님 기도 후 산상에서 뷔페의 만찬을 맛있게 먹습니다. 이제 하산입니다. 내리막길을 걷는데 싱싱한 녹색의 소나무가 하늘을 향해 일자로 쭉쭉 뻗어 있습니다. 청송의 솔바람이 솔 향기를 몰고 옵니다. 저쪽 아래 마른 덤불 사이로는 새가 바삐 날고 있구요. 고무 계단과 나무 계단을 돌아 돌아서 내려가니 이곳은 낙엽 세상, 바스락바스락 낙엽 밟는 소리가 솔솔 합니다. 물 흐르는 소리가 들려 옵니다. 어서 가까이 가 보아야 겠습니다. 낙엽에 덮인 바위 사이로 맑은 물이 졸졸 따라오는지 내가 따라가는지 그렇게 같이 갑니다. 물이 고인 곳에는 나도 잠시 쉬었다 갑니다. 다리도 건너고 나무 잔영이 비치는 곳에 잿빛 하늘도 그곳에 있습니다. 계단과 산길을 걸어 후리메기 입구에 도착합니다. 여기서 우측으로 용연 폭포(0.3km)로 올라가야 합니다. 폭포 소리가 부르는 것 같아 부리나케 빠른 걸음으로 걸어갑니다. 거대한 물줄기가 하얀 물보라와 얼음알갱이를 뿌리며 쏜살같이 쏟아져 흘러내려 가고 그 물소리는 자연의 심장이 뛰는 소리 같이 들려 옵니다. 2단 폭포로 낙수 되면서 물속으로 들어갔다 물결치며 파문을 일으키고 있습니다. 폭포에 의해 침식 작용으로 생겨난 동굴(하식동)을 보니 포항 내연산 관음 폭포가 떠오릅니다. 아래로 내려가 폭포를 구경하고 다시 후리메기 입구에 다 같이 모여 귤을 먹으며 잠시 휴식을 합니다.

이제 대전사(3.1km) 방향으로 내려갑니다. 오후 2시 8분. 내려가는 길은 넓고 평탄합니다. 나뭇가지가 서로 이어지면 연리지 줄기가 이어지면 연리목이라 합니다. 연리목 구경도 하고 철벅거리는 흙길을 걸어 용추 협곡에 도착합니다. 수직 응회암의 풍경에 압도됩니다. 용추 폭포에서 쏟아져 내려온 물이 고인 구혈과 폭포 안은 청옥 빛 물이 되어있습니다. 절경을 배경으로 사진을 찍느라 모두들 분주합니다. 협곡을 빠져나오자 절벽 위에 '청학과 백학 한 쌍이 둥지를 짓고 살았다.' 라고 하는 웅장한 학소대 바위산이 하늘로 솟아 있고, 오른쪽으로는 '떡을 찌는 시루와 같다.' 라고 하는 사람 얼굴 모양의 시루봉이 솟아 있습니다. 바위에 금이 가 있어 금방이라도 무너질 것 같아 보입니다. 시간상 주왕굴 절구 폭포는 아쉽게 만나지 못하고 급수대 주상 절리를 쳐다보면서 계곡을 따라 내려갑니다. 오후 3시 넘어 대전사를 지나 주차장으로 모두 무사히 내려와 숙종 46년(1720년)에 착공하여 이듬해 경종 원년에 완공되었다는 주산지로 갑니다.

주산지 휴게소 앞 공터에 도착. 주산지 길 따라 0.8km를 천천히 도란도란 이야기하면서 걸어갑니다. 별빛 정도의 밝기에서도 100m 밖에 있는 쥐, 토끼, 꿩 등을 식별한다는 밤의 제왕 수리부엉이가 살고 있다는 숲을 유심히 보기도 하고 산이 울릴 정도로 요란하게 고목을 두들기는 까막딱따구리 소리가 혹시나 들려오는지 귀 기우려 보기도 합니다. 오후 4시 25분. 주산지의 고요하고 잔잔한 물결 위로 오른 왕 버들과 능수버들의 잔영이 있는 풍경이 현실 세

계가 아닌 듯한 평온함이 다가옵니다. '새벽 물안개가 피어 오르면 얼마나 신비로울까? 별이 총총히 뿌려져 반짝이는 밤이나 훤한 보름달이 물을 타고 노니는 밤이면 또 얼마나 아름다울까?' 상상해 봅니다. 날이 어두워 지고 있는 오후 5시 6분. 경주에 들러 저녁을 먹고 부산으로 귀가하기로 하고 다시 출발합니다. 점점 어두움이 모든 사물의 모습을 가리고 있습니다. 질주하는 봉고차 불빛만이 어두움을 가르며 달려 경주시 북군동 모 식당에 도착합니다. 노인상 장로님 덕분에 해물 순두부로 모두 맛있게 감사함으로 먹습니다. 그리고 올해 jjj 산행을 감사와 박수로 종료합니다. 하나님의 은혜로 여기까지 왔습니다. jjj의 산행도 그림자와 안개처럼 지나온 것 같습니다.

함께한 분 : 김문생 집사, 김성로 권사, 노인상 장로, 김정희 권사, 강성숙 집사, 조해경 집사, 박영심 집사, 이은자 집사, 강영희 집사, 박찬익 장로, 이봉희 집사, 김봉용 집사, 유진형 집사, 차숙정 집사, 신혜경 집사, 박진우 집사

삼봉산

- 경남 통영
- 무등산
- 지리산
- 덕유산
- 윗세오름

경남통영

경상남도 중남단에 위치해 41개 유인도와 110개의 무인도로 이루어진 경남 대표적 도서지역.
미루산은 영운리와 남평리 사이에 있는 산으로 조망이 멋짐

2014년 2월 22일 토요일 맑음

입춘이 지나고 봄비 내려 새싹이 난다는 우수를 지났으니 오늘 동양의 나폴리 통영 미륵산에 오르면 새싹을 볼 수 있을 것이라는 생각이 들었습니다. 아침 8시 넘어 교회 로비에 모인 걷기동호회 회원들의 얼굴을 보니 반가웠습니다. 오늘 여정의 길에 함께 이야기할 수 있는 사람들이 있으니 감사하였습니다. 봉고에 14명 모두 탑승하고 박정수 집사님이 운전하였습니다. 김문생 집사님이 유인물을 배부하고 오늘 코스를 설명하였습니다.

용화사 주차장에서 출발. 도솔암-미륵산-미래사-띠밭등-용화사 주차장-전혁림 미술관-통영 중앙시장-이화식당-부산으로 우리는 오늘 함께 아름다운 동행의 추억을 만들기로 하였습니다. 아침 8시 18분 출발하여 달리는 차 안에서 오늘 대자연 속에서 하나님의 임재하심을 찬양하고 무사히 귀가할 수 있도록 김영 집사님이 기도를 드렸습니다. 통영은 소설가 박경리, 작곡가 윤이상, 시인 유치환, 서양화가 전혁림씨가 나고 자란 땅 이기도 하지만 우리 김문생 집사님의 고향이기도 합니다. 고향의 향수를 함께 하게 되었습니다. 말이 통하고, 생각이 같고, 눈빛 하나로 마음을 읽어주는 신앙의 동역자들이 있으니 우리는 행복 합니다. 아내가 구워준 오징어를 돌려먹으며 일상적인 대화 속에 웃고 웃다 보니 거가대교. 세계 최대 수심 해저터널 연결도로 홍보 전시관 앞 주차장에 도착하여 잠시 쉬어 가게 되었습니다. 주차장 앞 원형조형물에 매달려 있는 사람의 조형물을 반대로 세워보니, 서서 아래 있는 조형물과 손사래 하는 친구인가 봅니다. 가덕 해양 파크 건물계단에서 거가대교를 바라보며 기념사진.

김영. 임정열 부부, 서정석. 김연옥 부부의 밝은 애정의 모습 한 컷. 이제 탑승하여 해저터널로 달렸습니다. '3.7km에 달하는 세계에서 가장 긴 해저터널(침매터널)은 180m 길이의 콘크리트 함체 18개를 바닷속에서 조립하는 국내서 처음 시도한 공법. 터널 1조각에 4만 5천t 리터, 6.0 지진도 견디는 침매 공법' 이라고 박진우 집사님이 설명하였습니다. '시간이 흐를수록 터널 외부에는 흙과 조개들이 쌓이면서 더 단단해진다.' 라고 김영(김하기) 집사님이 추가 설명을 하였습니다. 거가대교를 지나며 창밖의 바다는 평온하였습니다. 거제도를 지나며 삼성중공업의 거대한 골리앗 크레인도 시야에서 뒤로 물러났습니다. 충무교를 지나며 옆의 푸른색 통영대교도 보았습니다.

용화사 주차장에 도착하여 배낭과 스틱을 챙기고, 산행에 앞서

단체 기념사진을 담았습니다. 환한 모습들이 참 좋습니다. 박정수 집사님은 벌써 가고 보이지 않았습니다. “젊음이 좋긴 좋으네요.”

“노창동 집사님은 마라톤 체력이라 이 정도의 산행은 산보이겠습니다.”

아침 햇살을 먹은 대나무 잎이 어찌나 싱싱한지 마음에 차곡차곡 담아 보았습니다. 하나님은 왜 소나무나 대나무는 녹색으로 두셨을까? 보광루를 지나 관음사 9층 석탑을 돌아 산속으로 들어서 걸었습니다. 저 멀리는 작은 섬들이 바다에 떠 있습니다. 서기 943년 고려 태조 26년에 창건한 도솔암 주위에는 고목들이 인고의 세월을 알려 주는 것 같았습니다. 어느 좁은 돌계단에 이르자 하늘에 닿은 야곱의 사닥다리가 생각이 나서 김영, 서향숙, 김영신, 강성숙 집사님들의 단체 기념사진을 남겼습니다. 우리는 산행을 하면서 혈액형에 대한 우스갯소리도 하고, 또 요즘 유행하는 '오바마=오빠만 바라보며 마셔라' 라는 말에 웃기도 하였습니다. 금평마을, 아소골이 보이는 경치 멋있는 곳에서 김문생, 김영, 서향숙, 김영신 집사님들이 기념사진을 함께 찍고 다시 걸었습니다. 저 아래에는 당포해전의 당포항과 바다 아스라이 사량도와 여러 섬이 평화롭게 보였습니다. 철계단을 올라 점점 정상으로 가까워지고 산봉우리들이 아래로 펼쳐지기 시작하였습니다. 나무 계단을 만나고, 높은 바위 위에 분재처럼 홀로 살며 저 바다를 보고 있는 소나무도 만났습니다.

그리고 실처럼 가는 길과 그 옆의 마을도 작게 보였습니다. 우리가 저곳에서 숨을 쉬며 살고 있습니다. 바위에 둘러앉아 쉬면서 시원한 무로 갈증을 해소하였습니다.

가파른 길을 따라 오르며 산불 감시초소를 지나 드디어 정상에 올랐습니다. 정상에 오른 사람들에게 주어지는 대자연의 경관에 기쁨이 충만 되는 것 같습니다. 하나님께 감사를 드렸습니다. 미륵산 460m, 많은 사람들과 우리도 기념으로 핸드폰에 담았습니다.

저 한산도 앞바다를 내려다보며 그날을 되새겨 보았습니다. 1592년 7월 8일. 역사적인 날이 되는 것도 모른 채 이순신 장군은 아침 일찍 적선이 머물러 있는 곳을 향하여 넓은 바다에 이르렀습니다. 전날 동풍이 크게 불어서 배를 움직이기 어려워 노량에서 당포항에 이르자 날이 저물었고 나무하고 물을 긷노라니 그 섬의 말먹이꾼 김천손이 아군 배를 발견하고 급히 달려와서 크고 작은 적선 70여 척이 오후 2시경에 영등포 앞바다에서 거제와 고성의 경계인 견내량(거제대교)으로 들어가 정박해 있다고 보고를 들었습니다.

이순신은 결전을 위해 군사들에게 일찍 잠자리에 들것을 명령해서 충분히 쉬게 하였습니다. 이순신은 넓은 바다에 이르자 적의 큰 배 한 척, 중간 배 한 척이 선봉에 나와 우리 수군을 탐색하더니 도로 진을 친 곳으로 들어가자 뒤쫓아가 큰 배 36척, 중간 배 24척, 작은 배 13척이 진을 치고, 정박한 것을 보고 이순신은 견내량의 지형이 좁고 암초가 많아서 판옥선은 배끼리 부딪치기 쉬우므로 싸움하기 어려울 뿐 아니라, 적이 만일 형세가 불리하면 기슭을 타고 육지로 올라갈 거로 생각하고 한산도 앞바다로 꾀어서 통째로 잡아버릴 전략을 세웠습니다. 이순신은 한산도는 거제와 고성 사이에 있어서 사방에 헤엄쳐 나갈 길도 없고, 혹 육지로 오르더라도 굶어 죽기 십상이라 판단하였습니다. 먼저 판옥선 대여섯 척으로 적의 선봉을 쫓아가서 습격, 기세를 보이게 하였습니다. 그러자 왜장 와카자키 야스하루의 여러 배의 왜적들이 일제히 돛을 달고 쫓아 나왔습니다. 야스하루는 일자진의 아군 형세를 보고 회심의 미소를 지었습니다. 바다 한가운데로 유인하고서 배를 돌려 여러 장수들에게 명령하여 학의 날개처럼 진을 치고 전라 좌수사 이순신 함대 24척, 전라 우수사 이억기 함대 26척, 경상 우수사 원균 8척이 야스하루 왜적 73척을 향하여 "발포하라" 라는 이순신의 명령에 일제히 각 배에서 지자총통, 현자총통, 승자총통을 쏘아 우레와 같은 폭발로 왜적의 배들과 왜적은 풍비박산, 산산조각이 되어 수장되었습니다. 포탄과 화살을 비 오듯 쏘고 거북선이 종횡무진 돌진하여 대승을 거두었습니다. 왜장 야스하루는 혼비백산하여 그 수하들과 배를 버리고 한산도 육지로 도망을 쳤습니다. 하루 종일 싸우느라 장수와 군사들이 녹초가 된 데다 날도 어두워졌으므로 끝까지 추격하지 못하고 견내량 앞바다에 진을 치고 밤을 맞이하였다고 합니다. 이순신 장군이 한산도 해전에서 쓴 학익진은 학이 날개를 오므리는 모양으로 사방에서 왜선을 포위, 집중포격 적을 섬멸한 해전으로 세계 4대 해전으로 널리 알려져 있습니다. (살라미스 해전, 칼레 해전, 한산도 해전, 트라팔가르 해전) 또한 판옥선은 적의 배가 도착하기 전에 자유자재로 방향을 바꾸어 우현과 좌현, 전방에서 마음대로 적함을 공격할 수 있습니다.

한산도 해전의 승리로 왜군의 기세는 완전히 꺾어졌습니다. 오늘 한산도 바다를 보니 매우 평화롭기만 합니다. 이제 하산입니다. 왼쪽 계단으로 계속해서 많이들 올라오고 있습니다. 모두들 케이블카 타고 올라오는 것이었습니다. 우리는 미래사 편백숲 길 쪽으로 내렸습니다. 십자형 범종루를 구경하고 다시 올라와 어느 평상에 둘러앉아 구명옥 권사님, 강성숙, 신혜경, 서향숙, 김연옥, 김영신, 임정열 집사님들이 가져온 음식으로 즐겁게 먹었습니다. 하산 길은 무척이나 가볍네요.

무거웠던 배낭 속을 다 비웠거든요. 띠밭 등에서 잠시 쉬고 자연

보호헌장(1978. 10. 5.) 인간은 자연에서 태어나 자연의 혜택 속에서 살고 자연으로 돌아간다. 하늘과 땅과 바다와 이 속의 온갖 것들이 우리 모두의 삶의 자원이기에 소중히 여기며 사랑해야겠다는 생각을 하였습니다. 차로 이동하여 색채의 마술사, 바다의 화가, 색면추상의 선구자 전혁림 미술관을 구경하였습니다. 건물 외벽부터 단순 · 단일 색의 반복이 주는 색채의 묘미를 감상하였습니다. 실내의 작품들은 구상과 추상의 중간지대 화풍, 원색의 강열한 대비 등, 이런 그림을 보면 금방 전혁림 미술 세계임을 알 수 있게 되었습니다. 물방울 그림만 보면 김창열(84) 화백이 생각나듯이….

"1972년쯤 파리 근교 마구간에서 살았어요. 화장실도 없어 세수도 밖에 나가 했어요. 어느 날 아침에 씻으려고 대야에 물을 담으려다 옆에 있는 캔버스에 물방울이 튀었어요. 아, 그런데 크고 작은 물방울에 햇빛이 비쳐서 아주 찬란한 그림이 되더라고요."

전혁림의 새 '만다라' 작품이 유독 눈길을 오래 머물게 하였습니다. 차로 이동하여 통영 중앙시장에 내려 바다 저 멀리 조금 전에 오른 미륵산 모양을 보았습니다. 왼쪽은 남망산도 보입니다. 저 위쪽엔 동파랑 벽화도 보입니다.

시장. 삶의 활기가 넘쳤습니다. 차로 이동하여 이화식당에서 그 유명한 도다리쑥국을 정신없이 먹으며 아름다운 동행의 산악회를 의논하였습니다. 김문생집사님이 심사숙고하여 준비하였습니다. 우리는 오늘 새로운 출발을 시작하였습니다.

구상의 시 '그리스도 폴의 강'

“아침 강에 안개가 자욱 끼어 있다. 피안을 저어 가듯 태백의 허공 속을 나룻배가 간다. 기슭, 백양목 가지에 까치가 한 마리 요란을 떨며 날은다. 물밑의 모래가 여인네의 속살처럼 맑아 온다. 잔 고기떼들이 생래의 즐거움으로 노닌다. 황금의 햇발이 부서지며 꿈결의 꽃밭을 이룬다. 나도 이 속에선 밥 먹는 짐승이 아니다.” 시도 함께 공유했습니다.

차로 이동하여 거제 해양 공원에 내려 커피타임 후, 탑승하여 신앙 이야기도 했습니다. 또한 이해인 시인의 ‘선인장’

“사막에서도 나를 살게 하셨습니다. 쓰디 쓴 목마름도 필요한 양식으로 주셨습니다. 내 푸른 살을 고통의 가시들로 축복하신 당신. 피 묻은 인고의 세월 견딜 힘도 주셨습니다. 그리하여 살아 있는 그 어느 날. 가장 긴 가시 끝에 가장 화려한 꽃 한 송이 피워 물게 하셨습니다.”

또 김영신 집사님이 좋아한다는 천상병의 ‘귀천’ 을 김영 집사님이 직접 찾아 들려주었습니다.

"나 하늘로 돌아가리라. 새벽빛 와 닿으면 스러지는 이슬. 더불어 손에 손을 잡고 나 하늘로 돌아가리라. 노을빛 함께 단 둘이서 기슭에서 놀다가 구름 손짓하며는, 나 하늘로 돌아가리라. 아름다운 이 세상 소풍 끝내는 날, 가서 아름다웠더라고 말하리라." 도 공유했습니다.

창문이 뿌연 것을 보니 밖이 차가운가 봅니다. 교회에 도착하니 저녁 7시 38분이었습니다. 이제 밤이 되면 달빛도 별빛도 내려와 쉬었다 갈 것 같습니다. 오늘 함께해 주셔서 감사합니다. 모든 것이 하나님의 은혜입니다.

함께한 분 : 김문생, 김영, 서정석, 박진우, 노창동, 박정수 집사, 구명옥 권사, 강성숙, 서향숙, 김연옥, 김영신, 임정열, 신혜경 집사

무등산 (광주시)

광주 광역시 동구에 있는 돌병풍으로 두룬 호남의 진산으로 영암 월출산 해남의 두륜산으로 이어지는 소백산맥의 장대한산지로 무등산에는 수평 수직절리 서섬대와 입석대가 전형적인 주상절리의 특징이 있는 산이다.

2014년 12월 13일 토요일 맑음, 눈, 바람

겨울 산행 때는 밥이 얼어서 먹기 쉽지 않으니 빵을 준비하는 것이 좋다고 하여 햄버거를 사서 배낭에 넣고 갑니다.

오전 7시 30분 출발. 낙동대교를 건너 무등산을 향하여 신나게 산악회 버스는 달리고 있습니다. 뜨거운 시루떡과 산행 지도가 돌려집니다. 따뜻한 커피와 사과도 서비스를 받습니다. 어제 광주 쪽으로 눈이 많이 내려 오늘 무등산 설경을 제대로 감상할 수 있다며 산행 대장님이 코스를 설명합니다.

원효사지구 차량통제소-제철유적지-서석대-입석대-장불재-용추삼거리-중머리재-당나무기점-증심사-증심사 주차장-증심사지-구,관리사무소 주차장이라 합니다. 어느 지역을 지나가는지 창밖으로는 이제 갈색 세상은 지나고 백색의 세상 한가운데로 달리고 있습니다. 하얀 겨울의 세상은 모든 것이 정지된 모습입니다. 스마트폰으로 교통상황을 알아본 산행 대장님이 눈이 많이 내려

계획된 코스로 버스가 진입이 통제되어 부득이하게 코스를 변경해야 한다며 양해를 구합니다. 사람 살아가는 것이 계획대로 되지를 않을 때도 있습니다. 언제나 변수가 있기 마련입니다. 우리의 삶에 희로애락이 동행을 하나 봅니다.

산행코스를 변경하여 증심사지구 관리사무소 주차장–운소봉(새인봉)–서인봉–중머리재–중봉–서석대–입석대–장불재기점–용추삼거리–중머리재–신림골–당나무기점–증심사–지구 관리사무소 주차장이라 합니다.

날씨는 흐리고 눈꽃 송이가 머리에 앉습니다. 오전 11시 9분 주차장에 도착하여 설산의 무등산으로 들어가기 위해서 한 걸음부터 시작합니다. 빙판길이라 조심합니다. 아웃도어 브랜드 매장이 양쪽으로 있습니다. 북한산 갔을 때 입구와 같은 분위기입니다. 최근 뉴스 기사에서 놀랍게도 전 세계 2위의 판매량이라고 합니다. 크지도 않는 나라에서 미국에 버금가는 판매량을 기록하다니 정말 대단합니다. 매장 건물 뒤로 무등산이 안개에 덮혀 있습니다. 정상의 얼굴은 어떤 모습일까? 궁금해지네요.

우측 중머리재 3.5km, 새인봉 1.8km 이정표를 따라 초입을 시작합니다. 하얀 눈이 나뭇가지마다 소복이 쌓여 있습니다. 등산로 길은 사람들의 발걸음으로 눈이 녹아 낙엽 진흙이 찰박찰박 밟히고 있습니다

데크계단에도 눈이 내려 있습니다. 차가운 날씨 속에서 걷고 올라가니 열이나 추위를 잊고 걷습니다. 어느 바위에서 조망합니다.

앞에 펼쳐진 흰 산에 나무들이 심어진 풍경이 뚜렷이 보입니다. 능선은 나무들이 머리빗처럼 총총히 세워져 있어 산세의 구별이 잘 되어 보이고, 나뭇가지 사이로 하얀 지붕의 암자도 보입니다. 안개가 조금 그친 둥그스런 무등산의 모습이 드러나고 있습니다. 암벽이 있는 곳에서 아래를 내려다보니 아찔합니다. 건너편 절벽 위에서도 많은 사람이 설경의 절경을 감상하고 있습니다.

운소봉을 지나 산행 대장님을 따라 세계님과 암벽 사이로 내려가 남들이 못 본 비경들을 감상합니다. 기암절벽과 소나무에 흰 눈이 쌓여 있고 사람 얼굴 모양의 거대한 암벽도 구경하게 됩니다. 고무계단을 따라 내려가 나무들 사이로 걸어갑니다. 어느 벤치가 있는 곳에서 간식을 나누어 먹고 다시 출발합니다. 눈을 밟는 기분이 좋습니다. 서인봉에 도착하니 많은 사람이 설경에 취해 추억을 남기느라 분주합니다. 저 아래 중머리재에도 사람들이 눈과 함께 시간을 보내고 있고, 중봉쪽으로는 꼬불길을 따라 올라가는 사람들의 모습이 보입니다. 저곳에서도 뽀드득뽀드득 눈을 밟으며 눈 산행의 맛을 즐기고 있습니다. 눈을 타며 미끄러지듯 내려갑니다. 중봉 올라가는 길이 돌계단처럼 되어있는 길입니다. 걸음이 좀 무거워집니다. 뒤돌아보면 언제 이곳까지 왔는지, 데크 평길을 만나 이제는 좀 수월하나 쉽더니 또 오르막길입니다. 하얀 눈 속을 들여다보면 또 다른 세상이 있는 것만 같습니다. 중봉에 가까울수록 큰 입석대 위에 흰 눈이 백설기 가루 같습니다. 장불재 설산 위에 철탑이 보입니다. 여기 앞 소나무 잎들도 흰 모자를 썼습니다. 중봉

915m 정상 석에 도착하자 눈바람이 세차게 불고 있습니다. 서석대 쪽으로 가지 못하게 막고 있는 듯합니다. 안개도 동반하여 시야가 흐려 속도를 내지 못합니다. 하지만 머리를 숙이며 발걸음은 멈추지 않습니다.

삼거리를 지나 설화 속으로 들어갈수록 자연의 아름다움에 빠져들어 자연의 소중함을 생각나게 합니다. 하얀색 한 가지로 이렇게 멋진 작품을 만들어 내다니 하나님의 솜씨에 경이롭고 감탄스럽습니다. 가느다란 가지 끝까지 하얗게 내려앉은 눈꽃의 대향연을 보는 것만으로도 기쁩니다. 이 꽃을 보고 있노라 추위도 잊어버렸습니다. 나뭇가지들과 바위들이 하얀 옷을 입고 신비한 연주를 하는 것만 같습니다. 하얀 썰매를 타고 설국 속으로 신나게 달려 봅니다.

한차례 바람이 눈꽃을 장단에 맞추어서 뿌려 줍니다. 하늘에는 눈꽃들이 이 향연에 내려오기 위해 줄줄이 기다리고 있습니다. 가지에 핀 눈꽃 위에 바람이 또 눈꽃을 얹어 놓습니다. 설경을 오래 간직하기 위해 핸드폰에 저장합니다. 손이 엄청 시리네요. 가지가지의 흰 눈이 미로처럼 보입니다.

서석대 1,100m 정상에 올라섰습니다. 찬 바람도 잠시 쉬어 줍니다.

무등산의 최고봉인 천왕봉(1,187m)은 군부대가 있어 접근하지 못합니다.

무등산은 대체로 바위가 아니라 흙으로 이루어진 산이지만 정상부근의 서석대, 입석대의 규봉 바위가 웅장하고 아름답습니다. 하늘로 높이 솟은 돌기둥 무등산 주상절리대(입석대, 서석대, 광석대)는 천연기념물 제465호입니다. 임진왜란 당시, 조선의 명장 김덕령 장군께서 여기서 무예를 닦았다고 합니다.

오늘 무등산 삼대 석경인 입석대, 서석대, 광석대를 전부 보게 됩니다. 봄의 철쭉 여름의 산목련 가을의 단풍 겨울의 설경 무등산. 자, 이제 입석대 쪽으로 내려갑니다. 안개가 자욱합니다. 실바람이 붑니다. 백마의 산능선 지형은 해발 800~900m사이 2.5km의 대규모 백마 능선을 볼 수 없어 아쉽습니다.

거침없이 내려갑니다. 올라오는 사람과 인사를 합니다. 5,6각 또는 7,8각의 돌기둥 30여 개가 수직으로 솟아 40여m 줄지어 있는 입석대에 도착합니다. '산에 이런 곳이 있다니' 눈송이를 맞으며 감상을 합니다. 풍경을 감상하고 핸드폰에 저장도 하고 계단을 내려오는데 산행 대장님이 보이지 않습니다. '여기서 어디로 가야 하나?' '배도 고프고, 춥고' 산행 대장님을 찾아 되돌아 올라가는데, 뒤에 오던 세계님이 마침 내려오고 있습니다.

얼마나 반가운지. "어디 가세요", "산행 대장님을 찾고 있습니다.", "내려가면 됩니다."

다시 입석대로 가서 사진도 찍어 주고 내려가 약간의 공간이 있는 곳에서 점심을 먹습니다.

세계님이 컵라면을 끓여 나누어 먹는데 '국물이 추위에는 최고네요.' 몸을 추스르고 장불재 방향으로 내려갑니다. 바람이 심하게 불어 고개를 들 수 없네요. 용추삼거리를지나 내려가는 길은 군데군데 돌 길이라 조심해야 합니다. 겨울 산행을 톡톡히 경험합니다. 중머리 재석에 도착하니 지나갔던 생각이 납니다. 여기서 증심사 방향으로 하산합니다. 눈 위로 억새가 살살 흔들리고 있습니다. 내려가는 길은 마음이 편안합니다.

이 계곡이 신림골 입니다. 제법 긴 길이네요. 느티나무, 팽나무, 들매나무, 소나무들 중에 마을에서 가장 크고 오래된 나무를 보통 당나무라 하는 당산나무를 만났습니다. 이 추운 겨울에도 거뜬히 견디어 내게 보입니다. 내년 여름에는 큰 그늘을 만들어 오가는 등산객의 쉼터가 되기를 바라봅니다. 내려오다 산속의 교회를 보니 하얀 십자가와 하얀 지붕 마당에 하얀 눈이 쌓여 있습니다. 이 교회에서도 탄일 종이 울려 은은히 전파되기를 소망해봅니다. 계곡에서 물 흐르는 소리가 들려 옵니다. 증심사를 지나고, 무등산 국립공원 탐방 안내센터도 지나고, 오전에 출발했던 주차장에 오후 4시 40분에 도착합니다.

모두 내려 온 후 버스는 순천으로 달려 모 식당에서 김이 모락모락 나는 김치찌개로 저녁을 먹습니다. 현지 곶감도 한 봉지 사서 이제 부산으로 귀가합니다.

지난 가을에 가 보고 싶었던 무등산을 눈꽃 산행으로 볼 수 있게 될 줄이야.

소망하면 이루어지나 봅니다. 귀가하여 따뜻한 물에 발의 피로를 풀고 쉬면서 무등산 설경 사진을 다시 봅니다.

지리산 천왕봉 1,915m(전남, 전북, 경남)

경남. 산천군, 하동군, 함양군, 전남 구례군, 전북 남원시에 걸쳐있는
산으로 엄마의 품자락 같은 평온함이 있으며
우리나라 최초의 국립공원으로 지정
어마어마한 면적과 높은 봉우리와 더불어 예로부터
민족적 숭앙을 받아 온 민족 신앙의 영지

2015년 1월 31일 토요일. 맑음

두통에 눈이 쑤시고 약간의 목감기로 밤잠을 설쳤습니다. 아내는 하루 쉬면서 병원에 가 주사를 맞으라고 따뜻한 위로를 합니다.

그러나 가장으로서 의지를 보여야 한다고 생각하며 출근을 하여 통증을 감내하며 일과를 마쳤습니다. 내일을 생각하여 퇴근길로 병원에 들러 고 원장님의 진료에 주사도 맞고, 약 처방도 받아 약을 사서 집으로 왔습니다.

내일 지리산 산행하기로 신청한 상태라 '약속을 취소하고 하루 쉴까?' 생각하다 약속을 지켜야 한다고 굳히고 눈을 감았습니다.

새벽에 침을 넘기는데 조금 통증이 있고 몸 상태도 좋지 않지만, 지리산 천왕봉을 상상하며 집을 나와 지하철을 타고 갑니다.

오전 7시 30분 산악회 버스는 동래를 출발하여 덕천동에서 합승하여 목적지를 향하여 달리고 있습니다. 떡과 지도가 배부되고 산행 대장, 꾼산님이 오늘 코스를 설명합니다.

백무동–하동 바위–장터목대피소–제석봉–천왕봉–법계사–칼바위–중산리주차장

이 코스로 6시간 이상 소요된다고 합니다.

지리산 천왕봉을 오르게 되어 기쁘지만, 한편으로는 몸 상태가 좋지 않아 내심 염려가 되기도 합니다. 함안 휴게소에서 10분간 쉬었다 갑니다. 날씨는 따뜻한 것 같은데 내 몸으로 온기가 전해 오지는 않습니다. 생초 TG 나와 달리는 차 창밖의 강물은 겨울 빌딩 유리창처럼 차갑게 다가옵니다. 아직도 창밖 세상은 겨울이 끝나지 않음을 보여주고 있습니다. 마천중학교를 지나가는데 겨울 방학이라 운동장이 꽁꽁 얼어있습니다. 곧 개학이 되면 학생들의 웃음으로 차가운 그림자가 다 물러가리라 봅니다. 백무동로를 달려 백무동 탐방 안내센터 주차장에 도착합니다. 오전 10시. 스패치와 아이젠을 착용하고 각자 겨울 지리산 산행이 시작됩니다. 잘못 가면 한신계곡으로 가게 된다고 하여 하동 바위 방향 이정표를 확인합니다. 눈이 내린 도로는 제설 작업을 했지만 얼어 붙은 곳이 있어 조심해야 합니다. 하얀 눈길 구름다리를 건너 백무동 낭랑한 계곡 물소리를 들으며 이 거대한 산의 품속으로 들어가 넓은 가슴 깊은 사고의 기상을 충전하여야겠습니다. 앞 사람을 따라 줄줄이 눈길을 밟으며 올라갑니다. 서서히 땀이 나기 시작합니다. 앞서가던 사람들이 멈추어 겉옷을 벗기 시작합니다.

하동군수와 함안군수가 장기를 두어 하동군수가 이겨 바위를 하동 바위란 곳에 도착하였습니다.

장터목대피소까지는 4.0km, 천왕봉까지는 5.7km 더 가야 합니다. 구름다리를 건너 오르막길을 계속 걸어 올라갑니다. 발이 무거워 잠시 쉬면 금방 뒤처집니다. 따뜻한 물로 목을 축이고 뒤따라 올라갑니다. 연세든 노부부는 쉬지도 않고 꾸준히 올라가는 것을 보니 젊을 때 산을 많이 탄 것 같습니다. 계곡에는 하얀 모자를 쓴 돌 밑으로 여전히 얼음 알을 뿌리며 물이 흐르고 있습니다. 대지는 흰 눈으로 덮여 있고, 나뭇잎 떨어진 잔가지 사이로 푸른 하늘이 눈으로 들어와 마음을 청춘으로 만들고 있습니다.

장터목대피소 2.8km, 소지봉 1,312m 지점에서 꾼산님, 파랑 모자 쓴 분, 어느 부부와 함께 점심을 먹습니다. 먹는 즐거움이 있습니다. 몸 상태를 고려하여 먼저 일어나 출발합니다. 대나무 숲을 지나가는데 햇빛을 받고 싶은 많은 나무들이 고개를 눈 위로 내밀고 있습니다. 테라스 계단도 오릅니다. 나뭇가지 끝에는 설화가 얼어 얼음 열매가 반짝이며 매달려 있습니다. 수빙 때문에 로프를 잡고 올라갑니다. 여기서부터 설원 속에 가지마다 눈꽃이 피어있습니다. 파란 하늘에 하얀 상고대가 너무나 깨끗하고 청아합니다. 저 하늘과 가지처럼 청순한 마음을 가져야 하겠습니다.

가지에 층층이 붙은 너무나도 하얀 눈꽃, 파란 물이 금방이라도 떨어질 듯한 하늘에 모두 사진을 찍느라 분주합니다. 계단을 오릅니다. 눈길을 걷습니다. 약간 내리막길에서 지리산의 설국을 카메라에 담던 한 분이 갑자기 쥐가 나 쓰러졌습니다. 부부와 함께 가던 나는 다른 부부의 남편분과 같이 등산화를 벗기고 발가락을 젖히고 근육을 풀어주기 시작했습니다. 고맙다며 일어서는데 이번엔 다른 쪽이 쥐가 나서 더 고통스러워합니다. 남편 되는 분은 산행대장을 데리러 가고 파란 모자 쓴 분과 풀어주다 장터목대피소로 국립공원 직원에게 요청하러 갑니다. 저 앞에 남편 되는 분과 산행대장이 오는 것을 보고 안심이 되었습니다. 장터목대피소에 도착하니 사람들이 실내외 곳곳에 모여 식사를 하고 있습니다. 장터목 주변 풍경을 조망해 봅니다. 수 많은 산봉우리들이 눈 아래 펼쳐져 있는데 지리산의 끝은 도대체 어디인가? 백마를 타고 기마병들과 산 능선을 따라 달리고 싶어집니다. 쥐가 난 분과 일행이 와서 다행입니다. 쥐가 난 분은 여기 장터목대피소에서 정상에 가지 말고 중산리 대피소로 하산하라고 산행 대장님이 권유합니다. 산행 중에는 어떤 불상사가 일어날지 모르니 함께 다녀야 함을 또 경험하게 됩니다.

산청군 시천면 사람들과 함양군 마천면 사람들이 물물교환과 물

건을 사고팔던 장터목이 이곳이라 합니다. 터가 넓은 것이 그 당시의 모습이 궁금해집니다. 1971년 지리산 산장이라는 이름으로 시작하여 150명을 수용할 수 있는 장터목대피소로 변경, 자연보호와 탐방객의 편의 및 안전을 제공하며 운영되고 있는 곳입니다. 따뜻한 커피 한 잔씩 하고 우리는 천왕봉 정상을 향하여 발걸음을 옮깁니다.

오후 1시 30분. 고목 가지마다 하얀 눈꽃이 피어있습니다. 푸른 하늘빛으로 눈은 더욱 하얗게 빛나고 있습니다. 침엽수 가지에도 눈부신 눈이 소복이 쌓여 있습니다. 너무나도 하얀 눈이 마음으로부터 절로 감탄을 쏟아 내게 합니다. 올라가며 전후좌우 어느 곳을 보아도 그냥 지나칠 수 없는 설경이 눈과 마음을 사로잡아 멈추게 합니다. 설국 깊은 곳으로 들어 온 것 같습니다. 눈의 신비함에 매료되어 빠져들어 갑니다. 이 하얀 눈에 빨강을 한 방울 떨어뜨리면 도미노처럼 분홍빛 세상으로, 파란색이 닿으면 하늘빛 세상으로 변할 것만 같습니다.

1950년대에 숲이 울창하여 대낮에도 어두울 정도로 푸르름을 간직하고 있었으나 도벌꾼들이 도벌의 흔적을 없애려 불을 질러 그 불이 제석봉을 태워 현재 나무들의 공동묘지가 된 제석봉(1,808m), 고사목. 이 고사목 군락지에 눈이 내려 고사목 가지마다 하얀 눈꽃이 피어 설경의 절정을 뿜어내고 있습니다. 제석봉에서 천왕봉 정상이 손에 잡힐 듯 눈앞에 보이지만 아직 1.1km 가야 합니다. 제석봉 흰 눈 아래로 군청색 수많은 산이 어깨춤을 추고 있습니다. 바위 위의 나무에도 하얀 눈을 부어 파란색 하늘에 대비되어 더욱 빛나 보입니다. 바람이 밤새 몇 날 며칠 불었나 봅니다. 동물 모양의 눈이 쌓인 나무도 있네요. 천왕봉 0.7km 지점 눈 밭을 지나 언덕에 올라서니 소나무에 찬 기온과 바람이 빚어 놓은 설화가 파란 하늘에 피어있습니다. 썰매를 타듯이 아래로 미끄러져 내려가 그늘진 눈길을 밟으며 지나갑니다.

눈 쌓인 산과 저 멀리 산 능선들이 한 폭의 그림이 되어있습니다. 큰 바위로 된 통천문을 겸허한 자세로 허리를 굽혀 통과합니다. 그리고는 저 높은 곳을 향하여 테라스 눈 계단을 밟으며 한 걸음 한 걸음 올라갑니다.

대기 중의 수증기가 승화하거나 0℃ 이하로 과냉각된 안개, 구름 등의 미세한 물방울이 수목이나 지물이 탁월풍이 부는 측면에 부착, 동결하여 순간적으로 생긴 얼음으로 수방이라고도 하는 상고대 풍경이 온 천지입니다. 이 아름다운 풍경을 오래오래 간직을 해야겠습니다. 겹겹이 쌓인 하얀 결정체가 햇빛에 반짝반짝 빛나고 있습니다. 파란 하늘과 눈이 시리도록 하얀 설경에 감격의 눈물이 납니다. "하나님 이 아름다운 풍경을 볼 수 있음에 감사합니다." 천천히 흰 눈을 밟으며 '한국인의 기상 여기서 발원되다'. 의 정상석에 올라섰습니다. 지리산 천왕봉 1,915m. 동서 길이 45km, 남북 길이 32km, 둘레 약 320km. 방장산, 두류산이라고도 합니다. 남한에서 두 번째 높은 산 전남 구례, 전북 남원, 경남 산청, 함양, 하동. 3개 도 5개 군에 걸쳐있는 산입니다. 1967년 12월 국립공원 제

1호로 지정. 설악산 국립공원의 1.2배, 한라산 국립공원의 3배로 규모가 가장 큰 산입니다. 최고봉인 천왕봉을 주봉으로 반야봉(1,732m), 노고단(1,507m)이 대표적인 3대 봉입니다. 주 능선은 동쪽에서부터 서쪽으로 하봉, 중봉, 제석봉, 촛대봉, 칠선봉, 형제봉, 명선봉, 토끼봉 등이 있고 주 능선과 거의 수직을 이루면서 남부 방향으로 가지 능선인 종석대, 고리봉, 만복대 등이 연봉을 이루고 있습니다. 1,500m 이상의 큰 봉우리가 10여 개, 1,000m가 넘는 봉우리가 20여 개와 수많은 대 · 소 봉이 있는 우리나라 최대의 산악군입니다. 천왕봉, 촛대봉과 덕평봉 사이에 10대의 헬리콥터가 앉을 수 있는 넓은 세석평전이 있고 피아골, 뱀사골, 칠선계곡, 한신계곡 등이 지리산의 4대 계곡입니다.

피아골은 활엽수의 원시림이 광활하게 덮여 있으며 칠선계곡은 골이 깊고 험한 만큼 폭포와 주변 경치가 수려하여 발길이 끊이지 않는 유명한 곳입니다. 청학동과 불일폭포로 알려진 화개 골짜기, 맑은 물과 작설차로 이름난 천은사 골짜기, 그리고 기반암은 대부분 고생대의 화강편마암, 화강암 등으로 이루어진 편마암 복합체로 여러 종류의 변성암으로 구성되어있다고 합니다. 수많은 동식물의 서식처. 이 지리산의 천왕봉에서 바라보면 바다 수평선처럼 아주 멀리까지 보이는 지평선 안의 산능선들이 살아 꿈틀대며 새로운 생명력이 소생하고 있음을 느낍니다. 수많은 산을 품은 지리산처럼 넓은 마음과 이해심, 멀리 바라볼 수 있는 내면의 시야 와 혜안을 배워 봅니다.

산능선들이 이 산을 중심으로 이어져 있습니다. 사람의 혈관처럼 맥이 뻗어나 연결되어있습니다. 이제 중산리 방향으로 하산합니다. 경사진 고무 데크계단을 조심조심하며 내려갑니다. 아래로 긴 계곡이 보이고 산 넘어 강도 아련히 보입니다. 그늘진 길에는 눈이 얼어 두껍게 쌓여 있습니다. 조난사고가 있는지 헬기가 지나갑니다. 길옆에는 줄기차게 내려오던 폭포도 언 채로 봄날을 기다리고 있습니다. 남강 발원지 천왕샘도 눈에 덮여 있습니다. 천왕샘은 남덕유산 참 샘을 발원으로 하는 경호강과 남강댐에서 합류하여 남강을 이루어 낙동강으로 흐릅니다.

눈 내리막길을 조금 뛰다시피 하며 내려갑니다. 해발 1,700m 개선문을 나와 중산리까지는 4.6km, 법계사 1.2km. 이정표를 지나 눈길과 계단을 따라 점점 아래로 내려갑니다. 법계사를 지나는데 사람들이 곳곳에 쉬고들 있습니다. 아래로 갈수록 눈이 녹아서 테라스 길이 제모습을 보여주고 있습니다.

사람들의 왕래로 눈이 흙과 범벅이 되어 겨울 왕국의 모습이 사라져가고 있습니다.

얼마나 내려왔을까? 대나무 숲 잎들이 오후 햇살을 받아 긴긴 동면에서 일어나 몸을 풀고 있습니다. 칼바위도 지나고, 내려올수록 하얀 겨울의 모습은 사라지고 봄을 맞이하려는 자연의 울림이 들립니다. 바위 사이로 폭포 소리도 세차게 떨어지고 있습니다.

바닥의 눈도 다 녹아 물이 되었습니다. 산정상은 아직도 깊은 겨울인데 통천길 문을 나오고서야 지리산 품을 벗어난 것 같습니다.

탐방 지원센터 주차장에서 어제 서울서 내려온 사람들과 합류하여 택시를 타고 아래 중산마을회관 대형 주차장으로 내려와 버스에 승차합니다. 오후 5시 30분에 출발합니다. 산청군 단성면 성내리 모 식당에 도착합니다. 몸도 으스스하고, 배도 고픈 상태라 한정식 저녁을 배부르게, 맛있게 먹었습니다. 오후 8시 넘어 부산에 무사히 귀가합니다. 하늘과 땅 사이에 가득 찬 넓고 큰 정기라는 호연지기를 지리산에서 배웁니다. 다음에는 어느 코스로 지리산 품속으로 산행해 볼까? 봄, 여름, 가을, 겨울을 생각해 봅니다.

덕유산 향적봉 1,614m(전북. 무주)

전라북도 무주군 북상면, 설천면과 경남 거창군에 걸쳐 있는 산으로 덕이 많고 너그러운 어머니산이라 하여 덕유산... 금강의 지류인 남대천으로 흘러드는 길이 30km 무주구천동은 전국적으로 알려진 명소이다.

2014년 12월 20일 토요일 흐림. 맑음

비도 조금 내리고 날씨가 춥습니다. 자리가 남아있습니다. 겨울 산행은 덕유산이 좋습니다.

하여 덕유산 설경을 보러 갑니다. 오늘 산행코스는 통안마을-탐방지원센터-칠연계곡-동엽령-백암봉-중봉(1,594m)-향적봉(1,614m)-백련사-이속대계곡-청류계곡-신대휴게소-삼공탐방지원센터-상가단지-주차장 코스 17.3km 제법 긴 코스니 안전산행을 당부합니다.

덕유산은 주봉인 향적봉을 중심으로 북덕유에서 무룡산(1,491m) 삿갓봉을 거쳐 남덕유(1,507m)에 이르는 주 능선의 길이만도 20km를 넘는 거대한 산입니다. 청량한 계곡들과 장쾌한 능선의 아름다움으로 많은 사람이 찾는 산입니다. 이 능선에 철쭉꽃이 피면 꽃의 향기에 취한 나비가 되어 훨훨 날아다닙니다. 그리고 무주 구천동계곡이 있어 폭포, 담, 소, 기암절벽 여울에 가을 단풍이 들면 더욱 깊고 그윽한 산의 절경을 감상할 수 있는 산 이기도 합니다.

산청휴게소에서 한번 쉬고 달리는 버스 창문에 빗방울이 조금 튀며 흘러 내려갑니다.

비가 오면 안 되는데 진눈깨비도 한차례 날리고 있습니다. 통안마을을 지나 탐방지원 센터에 도착하자 다행히 비는 내리지 않고 흐린 날씨에 눈이 많이 쌓여 있습니다.

오전 10시 50분. 아이젠과 스패치를 착용하고 힘차게 입산을 합니다. 날씨가 춥네요.

눈이 수북이 내린 길에 이미 많은 사람들이 지나간 발자국이 남아있습니다. 대자연을 정지 상태로 묶은 듯한 풍경에 살아 있는 걸음이 마치 어두운 곳에서 작은 빛이 크게 빛나듯 정지된 자연을 깨우는 듯합니다.

칠연계곡의 물도 눈과 얼음 밑으로 겨울 소리를 내며 조용히 흐르고 있습니다.

다리를 건너, 산속으로 들어갈수록 흰 눈이 많이 내려와 있습니다. 조그마한 폭포도 얼어 고드름이 되어있습니다. 멈추지 않는 물소리에 새가 왔다 갑니다. 동엽령까지는 2.0km, 탐방지원 센터에서 2.2km를 올라왔습니다. 앞에 가는 분이 '덕유산은 큰 산이라 체력을 안배하며 산행을 해야 한다' 고 조언을 합니다. 처음부터 너무 무리하게 치고 올라가다 큰 낭패를 당하는 사람을 보았다고 합니다. 아이젠도 안 차고 사뿐사뿐 가볍게 올라가다 어느 지점에서 '이제부터는 아이젠을 차야 한다' 며 착용을 하고 있습니다. 초콜릿을 하나 주었습니다. '고맙다' 고 하네요. 하얀 눈 속으로 줄줄이 올라가는 모습이 8000m급 산을 오르는 것처럼 보입니다. 큰 산이라 길게 돌아 올라갑니다.

올라가는 외길로 내려오는 사람들과 부딪히면서 한쪽으로 비켜서 쉽게 내려갈 수 있도록 배려하기도 하고, 내려오는 사람들이 멈추어 주면 빠른 걸음으로 올라가기도 합니다. 눈이 허벅지까지 쌓여 있습니다. 앞에 가는 방랑객 차림의 사람은 '덕유산 산행이 세 번째라고 하며 올 때마다 느낌이 다르다' 합니다.

동엽령 가까이 이르자 하얀 모자를 쓴 산봉우리가 눈에 들어옵니다. 하늘도 땅도 모두 하얀 천지입니다. 춥고 바람에 눈가루가 이동하는 광경이 보입니다. 아까 내려가던 사람이 '위에 바람이 많이 부니 조심하라' 라고 한 말이 맞습니다. 동엽령 기점에서 좌측 방향으로 능선을 타며 백암봉으로 갑니다.

좁은 길로 앞에 오는 사람을 피하다 때로는 눈에 푹 빠지기도 합니다. 저 앞 빨강 스패치를 하신 분이 우리 소속이네요. 하얀 나뭇

가지 터널이 되어있어 머리를 숙이며 미로의 세계로 달려 봅니다. 뽀드득뽀드득 눈 밟는 소리도 재미가 있습니다. 안개가 있어 먼 그곳은 보이지 않습니다. 잠깐 햇빛이 지나가며 희망을 줍니다. 너무 가지에 옆으로 겹겹이 붙어 눈꽃이 된 것이 신기합니다. 나무 터널을 빠져나오자 백암봉 가는 능선에 설경의 산행을 즐기는 사람들이 줄줄이 이어 올라가고 있습니다. 안개와 구름이 걷히기 시작하며 산 정상이 보이기 시작합니다. 앞에 하얗게 쌓인 눈에 바람이 부니 설탕 가루가 뿌려지는 것 같습니다. 햇빛이 하얀 눈에 닿자 더욱 눈부시게 빛나며 반짝이고 있습니다. 마음이 저렇게 순백이면 얼마나 아름다울까? 아기 피부처럼 보드랍게 느껴집니다. 솜털 같은 하얀 구름도 부러워 내려다보고 있습니다. 좁은 눈길을 오르는 재미도 솔솔 합니다. 점심을 먹고 가야겠습니다.

산행 대장님, 작가님과 길옆으로 들어가 서서 식사를 합니다. 추우니 느긋하게 앉아 여유롭게 할 수가 없습니다. 몸을 많이 움직이며 다시 올라갑니다. 손이 시려 아름다운 설경을 많이 못 찍습니다.

백암봉에 도착하여 하얗게 펼쳐진 겨울 왕국을 내려다 봅니다.

백마 기마병을 이끌고 눈보라를 일으키며 저 능선들을 달리고 싶어집니다. 여기서 중봉을 거쳐 향적봉까지는 2.1km. 자! 달려 봅시다. 안개가 한차례 능선을 타고넘어 갑니다. 중봉 위로 파란 하늘이 나타났습니다. 그 파란 하늘을 배경으로 하얀 산호초가 아름답게 피어있습니다. 중봉을 향한 걸음은 쉼이 없습니다. 이 거대한 자연을 한가지 색으로 만들다니....

올라갈수록 하얀 산이 신비합니다. 올라가며 좌우로 보니 순백의 풍경이 비경입니다. 힘을 내어 올라 1,594m 중봉에 서니 향적봉이 아득히 보입니다. 이 지역이 아고산대입니다.

아고산대는 해발고도가 비교적 높은 지형 1,500~2,500m로 바람과 비가 많고 기온이 낮으며 맑은 날이 적어서 키가 큰 나무들이 잘 자랄 수 없는 곳으로 철쭉, 진달래, 조릿대, 원추리, 산오이풀 등이 바람과 추위를 견디며 자연과 균형을 이룬 지상의 상태적 가치가 높은 지대입니다. 아고산대의 가지 하나하나에 하얀 눈꽃이 환희를 불러일으킵니다. 향적봉에서 이쪽으로 오는 사람들도 많습니다. 향적봉으로 가는 하얀 눈길 양옆으로 겨울 풍경의 백미, 상고대와 눈꽃이 눈과 마음을 사로잡습니다. 파란 하늘에 상고대의 아름다움이 더욱 빛나고 있습니다

상고대에 잔잔한 알맹이 흰 꽃이 있는가 하면 겹겹의 바람 모양 흰 꽃도 있습니다. 밤이 되면 무슨 모양의 눈꽃이 만들어질지 궁금하여집니다. 눈길을 걸어 구상나무 군락지도 지나갑니다. 저 앞쪽

향적봉 정상에 사람들이 많이 보입니다. 금방 도착할 것 같습니다. 길을 따라 내려가니 향적봉 대피소 지붕에도 하얗게 눈이 덮여 있고, 대피소 주변 곳곳에 삼삼오오 모여 추위를 녹이고 있습니다. 간이 비닐 텐트 안에도 사람들이 있습니다. 김이 모락모락 나는 커피를 마시는 사람도 있습니다. 쉬지 않고 하얀 오르막길을 올라갑니다. 좁은 길에 줄줄이 올라가느라 추월하지 못합니다. 질서를 지켜야 빠릅니다. 천천히 걸음을 옮깁니다. 야. 드디어 향적봉 1,614m 정상에 도착합니다.

정상에 올라서니 가슴에 눈빛이 들어와 기쁨을 충만케 해줍니다. 이 기쁨이 넘쳐 온 설산을 덮으며 도미노처럼 전파됩니다

인증샷을 위해 사람들이 차례를 기다립니다. "함 찍어 주세요", "예", "감사합니다"

여기서 백련사 방향으로 하산을 시작합니다. 내려가는 길은 양쪽으로 나무 기둥으로 표시가 되어있습니다. 미끄럼 타듯이 눈길을 타며 내려갑니다. 나지막한 설화가 조심하라며 흔들어 주고 있습니다. 0.2km 순식간에 내려와 백련사까지는 2.3km 남았습니다.

내려갈수록 나뭇가지에는 눈이 조금 남아있습니다. 길에는 여전히 수북이 쌓여 있습니다. 햇빛이 비추어 주던 길이 이제는 그늘이 지어 나무들이 검게 보입니다. 그늘진 길은 더욱 차갑게 다가옵니다. 줄줄이 멈춤이 없이 내려갑니다. 올라오는 사람들이 힘겨워 보입니다. 백련사 지붕도 차가운 기운이 감도는 눈이 덮여 있습니다. 캔 음료가 살얼음이 되어있습니다. 건너편 설산은 햇빛을 받은 갈

색 나무 능선이 따뜻하게 느껴집니다. 함께 걷던 동료가 귤 한 개를 주워 먹는데 달고 시원합니다. 계곡을 따라 내려갑니다. 바위 위에 눈이 쌓여 있습니다.

살얼음 밑으로 흐르는 물소리도 들리지 않습니다. 고요함이 깊어지고 있는 풍경입니다. 그늘진 길을 내려가며 지난 산행의 추억을 듣습니다. 다른 산악회 회원들이 단체로 내려가고 있습니다. 다리도 건너며 여러 계곡을 거쳐 가는데 눈으로 인해 담을 볼 수 없습니다. 경남 함양에서 의병을 일으켜 덕유산을 근거로 활약한 구한말 문태서님이 의병들과 1908년 2월 일본군 헌병대와 격전을 벌여 승리를 거둔 구천동 항일 격전지도 지나갑니다. 한참이나 함께 걸어 내려온 것 같습니다. 삼공리 탐방지원 센터를 나와 도로를 따라 내려갑니다. 아이젠 소리가 크게 들립니다. 상가 단지를 지나는데 추워 안에서 내다 보고 있습니다. 건너편 펜션도 참참해 보입니다. 다리를 건너 대기해 있는 버스에 승차합니다. 오후 4시 33분 주어진 시간보다 1시간 일찍 도착했습니다.

버스 안에서 다 내려오기까지 기다리다 상가 안쪽 비닐하우스를 얻은 곳에 내려온 사람부터 먼저 식사를 합니다. 얼큰하고 뜨거운 김치 두부찌개에 저녁을 모두 먹은 후, 오후 6시 넘어 버스는 출발합니다. 버스 안에서는 고개가 숙여진 사람, 창문에 기댄 사람들 모습이 보입니다. 무사히 귀가하여 다리를 뻗고 휴식을 합니다.

파란 하늘에 덕유산의 설경....

윗세오름 1,700m (제주도. 한라산)

제주 특별자치도 서귀포시
오름이란 백록담을 제외한 일원에 분포하는 소화산체로 화구를 갖고 화산분출물에 의해 형성된 기생화산체를 말하는 순우리말이다.
수없이 많은 오름 중에서 제일 높은 오름

2016년 1월 15일 금. 흐림/맑음

제주시 해안동 어리목 탐방 지원센터에 오전 10시 전에 도착한 우리 일행 10명은 아이젠을 착용하며 산행 준비를 한 후 윗세오름 방향으로 출발합니다. 윗세오름까지는 4.7km. 날씨는 참참한 차가움이 스며옵니다

오늘 코스는 어리목 탐방지원센터–만세 동산–윗세오름 대피소–정상–병풍바위–영실–한라산국립공원 영실 관리팀 입니다.

하얀 눈이 온 세상을 덮은 설산 속으로 빠져들어 갑니다. 하얀 계단을 사뿐사뿐 내려가 하얀 무지개다리를 건너 오르막길을 맞이합니다. 앞서간 사람들의 발자국이 다져 놓은 길을 따라 한라산 설국 속으로 걸어가며 하얀 겨울의 멋을 봅니다. 입에서는 거센 숨소리와 입김이 살아 있음을 알립니다. 설산도 응답이나 하듯 나뭇가지에 쌓여 있던 눈꽃 송이가 살포시 뿌려져 내려옵니다. 하늘의 눈나라에서 동풍 열차에 실어 밤새 뿌려 상고대 눈꽃 송이를 피었습

니다. 키 작은 대나무 숲에 쌓인 눈은 마치 수많은 군중이 산을 오르는 것처럼 보입니다. 몸의 열기로 겉옷을 벗기 시작하는 우리 일행들이 모인 곳은 해발 1,300m입니다. 잠시 휴식을 하며 간식을 먹고 출발합니다. 하얀 길 옆 나뭇가지가 온통 바닷속 하얀 산호초처럼 하늘로 뻗어 있습니다. 거미줄처럼 엉키어 있는 곳도 있고 나뭇가지 위 흰 눈길을 따라 하늘로 가는 길이 있는 것만 같습니다. 어떤 나무는 설산 모양을 하기도 합니다. 그 아래로는 하얀 백지입니다. 발자국을 남기고 싶어집니다. 쌀가루 같은 길을 벗어나자 잿빛 하늘 아래 오름이 나타납니다. 이제는 나무숲이 없는 오름의 허허벌판을 걸어 올라갑니다. 눈의 무게가 느껴지는 나무를 보며 걸음도 느려지고 있습니다. 해발 1,500m를 지날 때쯤 구름 사이로 한 차례 햇빛이 찬란히 비추자 나뭇가지에 쌓인 눈이 눈부시게 반

짝입니다. 저렇게 하얀 마음을 누가 갖고 있을까? 장갑을 벗고 핸드폰에 담아 둡니다. 아기 진달래 나뭇가지에도 눈꽃이 피었습니다.

눈보라와 추위의 시련을 겪고서야 봄에 분홍꽃망울을 터트립니다. 찬 바람이 어디서 휘몰아 왔는지 파란 하늘이 잠시 보이더니 이내 구름이 가리고 맙니다. 변화무쌍한 한라산 날씨 따라 설경의 다양한 풍경을 감상하게 됩니다. 데크 길을 따라 만세동산 전망대에 도착하여 백록담을 중심으로 민대가리오름, 장구목오름, 위세붉은오름, 윗세 누운오름을 조망해 보는데 백록담 쪽은 운무로 보이질 않습니다. 다시 빨간 깃발을 따라 윗세오름 방향으로 올라갑니다. 거대한 오름에 길을 따라 오르내리는 사람들의 모습이 너무나 작아 보입니다. 오름 (산)에는 키 작은 나무들이 하얀 이불을 덮고 동면에 깊이 들어가 있습니다. 설풍이 불자 흰 밀가루 날리듯 시야가 흐려지고 있습니다. 온 천지가 하얀색입니다. 백록담 쪽은 눈사태가 난 것처럼 구름이 폭풍을 일으키고 있습니다. 겨울바람이 신나게 춤을 춥니다. 바람을 피해 윗세오름 대피소로 가야겠습니다. 대피소 실내 쪽으로 컵라면을 구하기 위해 사람들의 긴 행렬이 서 있습니다. 12시 57분. 윗세오름 기념사진을 찍습니다. 윗세오름은 한라산 영실 등반로의 해발 1,600~1,700m 고지 정상부근에 붉은오름(위쪽), 누운오름(가운데), 족은오름(아래쪽)이라는 크고 작은 3개의 오름을 합쳐 윗세오름이라 부릅니다. 누운오름 아래는 연중 물이 흐르는 노루샘이 있고 그 주변은 백리향, 흰 그늘 용담, 설앵초 등이 자라는 고원 습지가 있습니다. 윗세오름 동쪽에 한라산 정상 백록담이 있습니다. 컵라면으로 일행들과 함께 점심을 먹은 후 이제 영실 방향으로 하산합니다.

하얀 길옆 나무에는 눈이 쌓인 채로 얼어 붙어 있고 오름 봉우리에는 햇빛이 비쳐 더욱 하얗게 빛나고 있습니다. 까마귀 한 마리도 가지에 앉아 설경을 내려다보고 있습니다.

잿빛 하늘에 광채가 운무를 은은히 비치고 오름에는 물결무늬의 눈이 얼어있는 풍경이 어느 우주의 한 공간처럼 느껴집니다.

어디선가 금세 바람이 불어와 하얀 뭉게구름을 피우며 파란 하늘을 보여줍니다. 영실로 가며 뒤를 돌아보니 백록담 쪽의 정상이 둥근 모자처럼 솟아 있습니다. 오고 가는 사람들의 모습에서 한라산의 거대한 모습을 봅니다.

안개가 다시금 감싸고 돌아 신기루처럼 사라졌습니다. 나무 숲속에는 상고대가 활짝 피어있어 눈꽃 구경을 하며 사진을 찍어 주고 핸드폰에 남깁니다. 설화에 매료되어 시간을 잊은 체 설경을 감상합니다. 햇빛을 받은 눈은 얼마나 하얀지 형용할 수가 없습니다. 병풍바위 위쪽에서 좌측 방향으로 둥글게 내려갑니다. 저 아래로는 영실 쪽의 흰 대로가 강물처럼 보이고 수많은 오름이 볼록볼록 솟아 있습니다. 춘화, 녹음, 단풍, 설경 등 사계절 내내 아름다운 모습과 울창한 수림이 어울려 빼어난 경치를 보여주는 이 영실기암의 설경을 보며 내려갑니다. 병풍바위와 뾰족하고 야릇하게 생긴 기암괴석들이 즐비한 오백나한(장군)과 얼어붙은 영실 폭포의 멋진 풍경을 감상하며 점점 아래로 내려갑니다. 겨울 안개가 영실기암을 타고 넘어갑니다. 하늘에는 먹구름 사이로 햇빛이 쏟아져 내려오고 그 너머 하얀 뭉게구름이 어떤 형상을 만들려고 꿈틀거리고 있습니다.

하얀 계단을 하나하나 조심스럽게 밟고 내려가 계곡을 따라 걸어가 해발 1280m 영실에 도착합니다. 오후 3시 16분. 잠시 휴식 후 산 위에서 보았던 도로를 따라 한참이나 걸어서 한라산 국립공원 영실 관리팀 건물 입구에 도착합니다. 오후 4시 예약된 봉고를 함께 타고 숙소로 귀가합니다.

내일은 사려니 숲 길을 걷기로 하고 잠이 듭니다.

제암산, 사자산 (전남: 장흥 807m, 666m)

연초록 산자락 밑 진분홍 철쭉

2019년 5월 6일

하얀 꽃 순박한 꽃 향기 나는 꽃…. 찔레꽃 피면 모내기할 때입니다. 풍요로운 가을을 소망하며 모내기가 끝난 논에는 새순의 모가 봄바람을 타고 있습니다. 향긋한 향기를 맡으며 새순을 골라 꺾어 먹었던 그리움이 있는 찔레꽃입니다. 모심기 때 나무 그늘에 둘러앉아 먹었던 시골 비빔밥 맛은 잊을 수가 없습니다. 풀 위에 누워서 하늘을 보면 하얀 구름이 천천히 흐르고 배부르면 행복함에 저절로 단잠에 깊이 빠져들어 갑니다. 어린 시절 고향 추억이 아련하게 스칩니다.

지난해는 일림산, 사자산, 제암산 산행한 추억이 있는데 올해는 역으로 제암산, 사자산으로 갑니다. 초록 단풍잎이 하늘을 가리는 싱싱하고 상쾌한 숲속으로 들어갑니다. 푸른 하늘 아래 연초록 물방울이 일렁이는 숲속을 걷노라면 발걸음이 새털처럼 가볍습니다. 무념무상으로 한 걸음씩 자연 속으로 스며듭니다. 나무가 푸르게 우거진 그늘 올라가노라면 어느새 땀방울이 송골송골 이마에서 흘러내립니다.

검은등뻐꾸기의 네 음절 독특한 울음소리가 들리는 시기입니다.

듣는 사람에 따라 다르게 들립니다.

뻐꾹 뻐꾹 뻐꾹 뻐꾹
워꾹 워꾹 워꾹 워꾹
풀빵 사줘 풀빵 사줘
너도 가고 나도 가고

저기가 제암산 정상입니다.

웅장하고 우뚝 높이 솟아오른 임금 바위가 멋집니다. 멀리 득량만과 평야 그리고 다도해의 바다 빛과 어우러져 장관입니다.

온 누리에 봄의 연초록 생명의 풍경입니다.

헬기장에서 점심을 맛있게 먹고 능선을 따라 사자가 누워있는 듯한 사자산으로 걷습니다. 짙푸른 풀과 철쭉꽃 풍경으로 산행의 즐거움이 있습니다. 천상의 화원을 함께 걷노라면 절로 시를 읊고 시와 자연경관에 감흥을 느낍니다.

'나보기가 역겨워 가실 때에는 말없이 고이 보내 드리우리라 영

변의 약산 진달래꽃....' (김소월. 진달래꽃)

'별 하나에 추억과 별 하나에 사랑과 별 하나에 쓸쓸함과 별 하나에 동경과 별 하나에 시와 별 하나에 어머니 어머니....'
(윤동주. 별 헤는 밤)

'모가지가 길어서 슬픈 짐승이여 언제나 점잖은 편 말이 없구나. 관이 향기로운 너는 무척 높은 족속이었나 보다....'
(노천명. 사슴) 여기 저기서 들려 줍니다.

곰재 사거리에서 시원한 아이스케끼를 입에 물고 올라가며 각시붓꽃도 보며 오르자 철쭉꽃 평원이 펼쳐 보입니다. 연초록 산자락 위에 풀어놓은 진분홍 물감 철쭉꽃이 일렁입니다.

기쁨과 정열적인 산 꽃의 여왕 철쭉꽃이 화려하게 활짝 피었습니다. 여유있게 천상의 화원에서 철쭉꽃을 자세히 들여다 봅니다. 참으로 꽃잎이 곱습니다.

간재에서 사자산으로 오르면서 뒤를 돌아보니 제암산으로 이어진 분홍길 능선이 선명합니다. 사자산에 오르자 두봉 너머로 산 그리메와 평화로운 마을이 내려다보입니다. 데크와 돌길을 내려와 일림산 갈림길 이정표에서 제암산자연휴양림 주차장 방향으로 하산을 합니다. 오후 햇살이 비치는 나무 그늘 길로 내려와 산행을 종료합니다.

시원한 물로 갈증을 해소합니다.

참으로 자연은 아름답고 소중합니다.

식당으로 갑시다.

주고받는 대화에 웃음이 가득합니다.

함께한 분 : 김문생, 이무룡, 김하기, 박찬익, 강영석, 김봉용, 김성로, 강성숙, 서향숙, 김영신, 변정경, 김진선, 이봉희

제암산자연휴양림 주차장–전망대–제암산–가족바위–곰재사거리–곰재산–간재–사자산–이정표 갈림길–제암산자연휴양림 주차장